AF318760

LA
FÉODALITÉ
EN
AGÉNOIS

EN 1789

Manuscrit d'un Curé de Campagne

Avec Introduction et Notes

PAR

A. DE MONDENARD.

« Je ne veux nuire à personne ; mais
mon état et ma religion m'obligent
à prendre le parti des malheureux. »
Le curé SEGUY.

AGEN

MICHEL & MÉDAN

LIBRAIRES-ÉDITEURS.

1879.

AGEN, IMPRIMERIE BONNET ET FILS.

LA FÉODALITÉ

EN AGÉNOIS

EN 1789

Manuscrit d'un Curé de Campagne

Avec Introduction et Notes

PAR

A. DE MONDENARD.

AGEN

MICHEL & MÉDAN

LIBRAIRES-ÉDITEURS.

1879.

INTRODUCTION

INTRODUCTION

« Je ne veux nuire à personne ; mais
mon état et ma religion m'obligent à
prendre le parti des malheureux. »

Le curé SEGUY.

L'ancien régime, — un cauchemar, quelque chose comme un homme enfermé vivant
dans un tombeau ;

C'est le moyen-âge qui inventa l'emmure-
ment.

Rien de pire ni dans la Bible, ni dans
l'Histoire ;

Le servage fut plus affreux que l'escla-vage, — parce que le seigneur féodal fut plus féroce que le maître romain, étant plus barbare.

Ni l'Egypte ni Rome n'avaient inventé un tel écrasement : pour trouver quelque chose de pareil, il faut s'enfoncer jusques dans l'Inde monstrueuse et colossale. C'est un enfer que le monde dans lequel gémirent pendant dix siècles les parias d'Occident.

Tout un peuple cadenassé dans un système politique et social comme une bête dans une cage, — sans jamais voir luire l'espoir d'en rompre les barreaux, de trouver une issue;

Parfois la bête se révolte; mais les domp-teurs, armés, tout-puissants, se ruent sur elle et la laissent vaincue, soumise, épuisée, nageant dans le sang.

Pour comble, l'Histoire se fait la courti-sane des bourreaux, rit des vaincus, les larde de son burin et les flétrit au front d'un sobriquet marqué d'un fer rouge : Bagaudes, Pastoureaux, Albigeois, Jacques, Tuchins, Bonshommes, Tard-venus, Va-nus-pieds, Croquants, Vaudois, Rustauds, Gauthiers, Gueux, Camisards, races maudites !

Tous ces vaincus anonymes meurent dans la honte ;

Le martyre avec l'auréole, passe encore ;

Mais le martyre avec l'oubli sans nom, avec l'opprobre, avec la couronne d'épines et le sceptre de roseau, — la mort avec cette pensée suprême que le combat engagé peut avoir été non-seulement inutile, mais funeste à la cause que l'on défend, voilà l'angoisse infinie. Le sceptre de roseau, l'Histoire le met aux mains crispées des vaincus. Contre eux, les pages qu'elle grave se trouvent être des libelles. Elle se livre à la diffamation. C'est pour elle surtout que la raison du plus fort est toujours la meilleure, à tel point que, par moments, les esprits les plus fermes se demandent si, pour faire régner la justice, il n'est pas bon de s'emparer d'abord de la force. Jusqu'en 1789, il n'y a pas d'histo-riens, il n'y a que des historiographes, et la plus austère des Muses est payée sur la cassette.

Certes, il faut du courage pour faire son devoir au risque d'encourir le mépris de la postérité pour qui l'on meurt, et c'est un cri sublime que le cri de Danton : *Périssent nos mémoires et que la patrie soit sauvée !* Mourir pour la patrie, ce n'est rien quand, au prix du trépas, on achète la gloire ; mais, pousser l'amour de la patrie jusqu'à se déshonorer, voilà la vertu.

De ses vieilles complicités avec la barba-rie, l'Histoire s'est-elle complètement déga-gée ? S'est-elle convertie au culte de la vérité ? A-t-elle brûlé ce qu'elle adora si longtemps, adore-t-elle ceux que l'on brûla ?

Cette conversion est pénible. Si elle veut, en effet, peindre les hommes de l'ancien régime dans toute leur férocité, en retracer les abus dans tout leur excès, elle court le risque de se discréditer. Ses récits, du jour où il seront sincères, paraîtront incroyables. C'est surtout quand on raconte ces temps abhorrés que le vrai n'est plus vraisemblable. Pour être véridique, elle devra se résigner à avoir l'air d'un pamphlet. L'écrivain implacable qui accomplira cette tâche encourra l'accusation de calomnier l'espèce humaine.

Contre l'existence de l'abominable *droit du seigneur,* M. Louis Veuillot n'a eu qu'un argument sérieux ; il a dit : « C'est tellement monstrueux que ce n'est pas possible. » On l'a cru. Cependant, jusqu'à la veille de 89. les dragons, qui n'avaient pour mission que de violer les consciences, ne se faisaient pas faute de violer les femmes :

L'homme est de glace aux vérités,

surtout aux vérités qui le blessent ;

Il est de feu pour les mensonges,

surtout pour les mensonges qui le flattent.

On ne croit plus aux horreurs de l'ancien régime.

Voilà bientôt cent ans qu'il a disparu. Le temps efface tout, même le crime. A la distance d'un siècle, les abus et les crimes du « bon vieux temps » n'apparaissent plus aux générations nouvelles que dans un lointain qui en estompe l'atrocité. L'éloignement, donne aux faits comme aux monuments, je ne sais quel prestige. D'ailleurs, l'ancien régime a, dit-on, disparu pour jamais; les descendants de ceux qui en ont souffert ne s'en préoccupent plus. Quelques-uns ne sont pas même éloignés de calomnier la Révolution qui les a tirés de cet enfer et de faire cause commune avec les maîtres d'autrefois.

Que dis-je ? Toute la littérature d'une époque, à la suite de M. le vicomte de Chateaubriand, semble s'être donné pour mission de réhabiliter ce passé cruel et obscène contre lequel la bourgeoisie française éleva, en 1830, trois protestations invincibles. En faisant de l'art pour l'art, l'école romantique n'eut pas l'air de se douter qu'elle faisait de

l'art pour la réaction. Sous prétexte de réno-
vation, elle nous fit rétrograder en plein moyen-
âge; on transfigura, on chanta, on idéalisa
cette époque ténébreuse. Le donjon féodal,
jadis si sombre et si redouté, se para de ce
charme que le temps donne aux ruines.
La mélancolie de René s'alliait bien avec la
morne tristesse des manoirs écroulés. Outre-
Manche, Walter Scott aidait à l'œuvre.
L'histoire disparut sous la légende. On
ne rêva plus que preux chevaliers et
nobles dames, castels et tourelles. La bal-
lade cessa d'être une chose fade pourvu
qu'elle sentît son vieux temps. Ce ne fut que
pages, écuyers, capitaines, varlets, damoi-
selles et seigneurs châtelains. Un héros de
roman n'était plus supportable s'il n'avait
tout au moins une gentilhommière. Au théâtre, ce fut bien pis : on ne vit plus sur les
planches que des grands seigneurs. Que de
pleurs les gens du tiers-Etat, du commun
peuple et leurs trop sensibles moitiés versè-
rent sur les amours malheureux des anciens
oppresseurs de leur classe avilie !

Tous les arts, comme il est d'usage, s'inspirèrent de la littérature. L'architecture se fit gothique. La peinture n'offrit plus aux regards du bourgeois ébaubi que pourpoints de satin, culottes de velours, cottes de mailles, jambards, cuissards, brassards ; ce fut comme une ferblanterie. La chevalerie, qui détroussait les passants, passa pour une grande institution. Que de prolétaires regrettèrent sincèrement que la civilisation eût fait disparaître ces redresseurs de torts, ces protecteurs nés de la veuve et de l'orphelin ! Quels effets à la Rembrandt le moindre rapin tirait des reflets des casques et des cuirasses ! Quel plaisir d'en faire étinceler les paillettes ! Dans la langue, les archaïsmes furent remis à la mode. Peu s'en fallut qu'on ne revint aux feutres « ombragés d'un panache ». Les tailleurs eux-mêmes durent subir l'entraînement et transformer leurs coupes. Les jeunes adeptes de l'école rêvèrent de se « vestir en escholiers », et s'ils n'accrochèrent pas de longues rapières à leurs flancs généreux, ce fut uniquement par respect pour la police.

L'ancienne aristocratie, dans ce monde imaginaire du roman et du théâtre, reparut ornée de toutes les vertus. Tous les premiers rôles furent titrés, portèrent le costume de rigueur et devinrent des types de perfection ; ils étaient tous bons, généreux, loyaux, hospitaliers, chevaleresques ; le tiers-état ne figurait que pour tenir les emplois de traîtres et de sorciers. Aux aristocrates la noblesse des sentiments, la politessse de l'esprit, l'élégance du langage et des manières, en un mot tout le savoir-vivre ; aux vilains le crime, la rusticité, les instincts cupides et bas de la brute.

L'art et la littérature faisaient comme l'histoire : ils calomniaient.

Dès lors, l'ancien régime, transfiguré par cet art de l'école romantique dont il faut reconnaître l'effet prestigieux, n'apparut plus aux imaginations charmées que sous l'aspect le plus séduisant.

Le parti féodal avait-il en secret la direction de ce mouvement encore plus politique qu'artistique et littéraire, ou ce retour vers le moyen-âge s'était-il produit spontanément ? Nous croyons que l'école romantique continua inconsciemment l'œuvre entreprise avec préméditation par l'auteur du *Génie du Christianisme*. La connivence entre le mysticisme et le romantisme, la filiation de l'un à l'autre ne furent sans doute que fortuites ; mais elles sont flagrantes.

Quoi qu'il en soit, si le parti féodal n'avait pas fomenté le mouvement, il l'exploita ;

Les sophistes qu'il avait à ses gages faussaient hardiment l'histoire pendant que les poëtes de la nouvelle école embellissaient les légendes réactionnaires inventées au lendemain de la Révolution, et transformaient en héros et en martyrs les auteurs de l'insurrection vendéenne, insurrection qui, celle-là, avait été provoquée « en présence de l'ennemi ». On se prit à regretter « le bon vieux temps » ; des bourgeois, d'autant plus

stupides qu'ils voulaient être spirituels, rail-
laient les « immortels principes de 89 » qui,
de laquais qu'ils étaient, avaient fait d'eux
des hommes.

Seul, parmi les rimeurs, Béranger, « le
poète national », avait résisté à cet entraînement; que ce soit là sa gloire !

Faut-il dire comment le second empire
favorisa cette réhabilitation de l'ancien régime ?

A quoi bon ?

Un mot suffit : un gouvernement qui fait
ducs des chenapans tels que les Persigny
et les Morny n'humilie pas l'ancienne noblesse, il la fait regretter.

Tel a été le succès de la longue manœuvre
à l'aide de laquelle le parti féodal et clérical
a tenté d'habituer la société française à l'idée
d'une restauration de l' « ancien ordre de
choses » qu'aujourd'hui, une grande partie
de la bourgeoisie verrait sans déplaisir une
restauration bourbonnienne, et qu'à deux
reprises, durant ces dernières années, cette

restauration a pu être conçue, sinon exécutée. Telle est aujourd'hui la tolérance de l'opinion en France pour les tentatives du parti féodal que, dernièrement, à la tribune de l'Assemblée nationale, un ex-cuirassier (un cuirassier, c'est encore une sorte de chevalier!) a pu arborer hardiment le drapeau de la contre-Révolution. Après 1830, il ne serait pas descendu vivant de la tribune; aujourd'hui, le parti absolutiste en est venu à se croire assez fort pour menacer le suffrage universel, insulter à la souveraineté nationale et proclamer la nécessité de rétablir le droit divin et la monarchie de l'ancien régime.

Nous avons expliqué quelques-unes des causes de cet effet ;

Mais il y en a d'autres :

Nous avons des historiens nationaux; nous n'avons pas d'histoire nationale. Les historiens, — nous parlons des plus récents, — ont raconté l'histoire de nos Rois;

ils n'ont pas écrit le « martyrologe de la nation ».

Puis, les derniers survivants des générations qui avaient vécu et souffert sous l'ancien régime ont disparu depuis quelque trente ans. La haine traditionnelle contre l'oppression seigneuriale, — je parle de la haine instinctive, populaire, — s'est émoussée. Les nouvelles générations n'ont plus le sentiment de ce que les *anciens* ont souffert et cessent de se raidir contre des maux qu'elles ignorent.

Elles ignorent parce que l'histoire de la condition des personnes et des terres sous le régime ancien n'est pas faite. Elles vivent dans la saine et libre atmosphère créée par la Révolution; mais elles ne savent plus au prix de quels efforts, de quels sacrifices, de combien de sang les générations qui les ont précédées ont pu leur conquérir l'air qu'elles respirent. — Je l'affirme, même après la récente compilation de M. Taine, qui, eût-elle quelque valeur, n'est destinée qu'aux raffinés. C'est à peine si l'on a publié çà et là quelques monographies. Quant à la compilation de M. Taine, elle a pu ouvrir à son auteur les portes de l'Académie ; mais, à part la note relative à la seigneurie de Blet, elle n'a révélé aucun fait, aucun document nouveau.

Cependant, si l'on veut fonder la République sur des convictions raisonnées, inébranlables, cette histoire de l'ancien régime il faut la faire ; si l'on veut avoir raison, une fois pour toutes, des restaurations insensées dont nous menacent les partisans du trône et de l'autel, il la faut vulgariser.

Pour nous, ouvrier inconnu, nous devons borner notre ambition à fournir une pierre au monument futur ;

C'est pourquoi nous publions ce manuscrit.

Il est authentique ;

Il est tiré des *Archives nationales*, où certains de nos compatriotes, — érudits, mais

·acteurs, — en ont eu communication avant nous.

Son existence nous fut révélée par M. Doniol, aujourd'hui préfet des Bouches-du-Rhône, en son livre : *la Révolution française et la féodalité ;*

A la page 37 de la deuxième édition de ce livre, on lit ceci :

Dans l'Agenais, toute terre (en 1789) est seigneuriale. Les redevables croient que, nulle part, on ne trouverait des droits (seigneuriaux) plus lourds et des conséquences de la féodalité plus malheureuses. C'est un curé qui l'explique dans un mémoire très-curieux où il le démontre minutieusement.

Et en note :

Le curé de Sauveterre-d'Agen (Lot-et-Garonne).

Qui était ce curé ? C'était le curé de Sauveterre-d'Agénois, — aujourd'hui Sauveterre-de-Fumel, — par opposition à Sauveterre-sur-Garonne, en Brûlhois.

Il se nommait Seguy ; il appartenait à une famille honorable et relativement aisée en ce temps où tout le monde, même la noblesse, était pauvre, — sauf les hauts dignitaires de l'Eglise et les traitants.

Il était né, vers 1755, dans la commune de Saint-Front, au lieu de Grèze. Il avait pris ses grades ; il était docteur en théologie. Son mémoire démontre d'ailleurs qu'il avait étudié l'un et l'autre droit.

Un de ses oncles était curé ; un de ses neveux se fit prêtre ; un de ses frères, peut-être le père de ce dernier, faisait le commerce des bestiaux. Origine toute populaire.

De 1780 à 1788, l'abbé Seguy fut vicaire de Sauveterre-d'Agénois ; en 1788 ou au commencement de l'année 1789, il devint curé de cette paroisse. C'est lui qui fit bâtir le presbytère qui existe encore, jolie maison carrée avec mansardes.

Vers 1790, il dut être appelé dans la paroisse plus importante de Saint-Front, sa paroisse natale ; ce qui est certain, c'est

qu'en 1792, il n'était plus curé à Sauveterre.

Le curé qui lui avait succédé à Sauveterre
luttait sans doute contre les idées de la Révolution ; car, il eut maille à partir avec la
terrible justice d'alors. Si nous en croyons
une tradition que nous avons recueillie sur
les lieux mêmes, il fut appréhendé dans sa
paroisse par les agents de la force publique
et mené de grand matin à Blanquefort, dont
le curé était également sous le coup d'un
mandat d'arrêt ;

En arrivant au village, les gendarmes, qui
voulaient être libres de leurs mouvements
pour surprendre au lit le curé de Blanquefort (il se nommait Bourdoncle), attachèrent
à un arbre le curé de Sauveterre, et couru-
rent procéder à leur capture. Mais il ne faut
pas, dit le proverbe, courir deux lièvres à la
fois ; pendant qu'ils allaient arrêter le curé
de Blanquefort, des paysans charitables dé-
lièrent le curé de Sauveterre, et Bourdoncle,
prévenu à temps, sauta hors de son lit et

s'échappa du presbytère, déjà cerné, par un souterrain qui communiquait avec une grotte que l'on voit encore sur les bords du petit ruisseau de la Briolance.

Les gendarmes rentrèrent bredouilles.

Quant à l'abbé Seguy, que son amitié pour le peuple et son attachement aux idées nouvelles mettaient sous la garde des patriotes, il paraît avoir traversé sans encombre les orages de la Révolution. On présume qu'il mourut âgé d'environ soixante-huit ans, vers l'année 1823.

La Restauration semble lui avoir tenu rigueur; car, au moment où il mourut à Grèze, — dans la maison où il était né, — il était prêtre libre et il disait la messe tantôt à Saint-Front, tantôt à Sauveterre, sur les autels des deux paroisses où, dans sa jeunesse, il avait exercé le saint ministère.

Il a laissé, parmi ces populations à l'affranchissement desquelles il avait consacré sa plume courageuse, le souvenir d'un prêtre ami de Dieu et des hommes, libéral, bienfaisant, indulgent, doux, passionné pour la vérité. Puisse la publication du « très-curieux » *Mémoire* qu'il nous a laissé raviver dans cette région la reconnaissance et l'enthousiasme que ses bienfaits et son amour de la vérité y durent autrefois exciter !

A son insu, il nous a légué, de ses vertus, de son patriotisme, de son amour pour ses semblables, le plus irrécusable des témoignages. On sent palpiter, sous la naïveté de son style, un cœur chaud et généreux. Ce n'était pas la métaphysique politique du *Contrat social* et des encyclopédistes qui l'avait conduit à embrasser la cause populaire, c'étaient la pitié pour les malheureux, sa passion pour la justice. En plaidant contre la tyrannie féodale, contre cette aristocratie dont Massillon avait noté les vices, dont Fléchier avait dévoilé les crimes, il songea moins à nuire aux puissants qu'il ne voulut prendre en main la cause des petits et des opprimés. Il n'abdiquait pas sa foi, il la mettait en pratique; il accomplissait son devoir de bon citoyen et de patriote avec le zèle et l'autorité d'un vrai ministre de cette Religion qui, quoi qu'en dise un clergé oublieux de l'Evangile, n'a rien de contraire à la Fraternité, à l'Egalité, à la Liberté.

Il fit partie de cette phalange de prêtres instruits et intrépides qui, à la tête du bas clergé, se vouèrent à la défense de la cause populaire; et si son nom ne resplendit pas dans l'histoire d'un éclat aussi lumineux que ceux de l'abbé Grégoire, de l'abbé Fauchet, de l'abbé Gouttes, de l'abbé Cérutti, qui fonda la *Feuille villageoise*, et de l'abbé Paganel, qui fut presque son compatriote, il n'en sera pas moins compté parmi les serviteurs les plus utiles de cette Révolution dont il sut provoquer les bienfaits.

Le clergé était alors du côté du peuple.

Parmi le clergé des provinces qui composèrent, quelques années plus tard, le département de Lot-et-Garonne, l'abbé Seguy eut des émules, et, pendant qu'il protestait contre les droits seigneuriaux, un des curés de l'Albret (nous publierons prochainement son *Mémoire*) protestait non moins éloquemment contre le faste insolent des moines et du haut-clergé.

On oublie trop aujourd'hui, dans la démocratie républicaine, que c'est l'adhésion du bas-clergé au tiers-état qui détermina le vote par tête, c'est-à-dire la Révolution. Nos patriotiques répulsions pour les doctrines ultramontaines, nos légitimes méfiances contre un clergé qui a renié ses traditions nous font injustement méconnaître la part considérable qui revient au bas-clergé dans le triomphe de 89. Quand les communautés furent appelées par la royauté en détresse à formuler leurs plaintes et doléances, ce fut souvent le curé qui tint la plume. Et, plus tard, l'orateur du club, ce fut encore le curé. La lecture de la *Feuille villageoise* de l'abbé Cérutti démontre jusqu'à l'évidence que souvent, dans les campagnes, les curés furent, au vrai sens du mot, les apôtres de la Révolution.

Nous savons combien cette assertion rencontrera de contradicteurs; mais que de vérités qui ne paraissent nouvelles que pour avoir été longtemps oubliées! Il est vrai que, depuis la Restauration, le clergé semble avoir pris à tâche de dissimuler pieusement les mérites de ses devanciers.

Tel fut le curé Seguy, — tel fut l'homme;

L'œuvre va passer sous les yeux du lecteur.

En traçant ce tableau de l'oppression féodale, le bon curé peignait d'après nature; on le sent à la sincérité de sa touche; et, au risque de commettre un anachronisme, on peut dire qu'il fit moins un tableau qu'une photographie.

Son œuvre, d'une simplicité quelque peu rurale et toute dépouillée d'artifice, est réaliste comme un procès-verbal. Il ne s'élève à l'art que dans sa péroraison dirigée contre le luxe des abbés et des évêques; encore n'arrive-t-il à l'art que par l'élan de l'indignation.

A vrai dire, il vivait en plein milieu féodal; de quel côté qu'il se retournât, sa vue attristée ne rencontrait que le sombre profil de quelque donjon. A Sauveterre même, le château seigneurial, dont il ne reste que des pans de murs et une sombre crypte dans laquelle on descend par une ouverture pratiquée dans la voûte, se dressait de toute sa hauteur au-dessus du village. Au loin, le donjon de Bonaguilh, la tour de Gavaudun, les châteaux de Cuzorn et de Fumel; vers le Périgord noir, au nord-ouest, le grand manoir des Biron. Tous ces repaires de la féodalité se dressaient, à l'horizon, sur des pics ou sur des rocs inaccessibles, au milieu d'une population terrifiée et d'ailleurs désarmée, le noble seul ayant droit à l'épée et à l'arquebuse.

La féodalité avait naturellement poussé sur ce sol accidenté où les failles géologiques montrent à nu les entrailles de la terre.

L'aristocratie, maîtresse de tous les sommets, dominait sans peine tout le plat pays. Aires d'aigles, — ou plutôt nids de vautours.

En Agénois, la tyrannie seigneuriale était plus excessive qu'ailleurs; sur les coteaux qui s'élèvent entre le Lot et la Garonne, elle était encore plus dure que dans le reste de la province. A la première occasion, la plainte des opprimés, des « sujets » devait partir de là; c'est de là qu'elle partit.

Le curé Seguy l'adressa aux Etats Généraux avec cette lettre touchante :

A Messieurs les Députés aux Etats-Généraux.

Messieurs,

Je crois devoir à ma conscience, à mes paroissiens et à un grand nombre d'invidus du tiers-Etat du Royaume, de vous faire part de mes observations sur *les droits seigneuriaux* (1) et sur la manière avec laquelle on les exige ;

Tous les faits que j'avance sont vrays ;

Si mon style est grossier, mes intentions sont pures et tendent au soulagement des malheureux et même de l'Etat.

J'ay douze cents francs de revenus ; j'en offre de grand cœur la moitié. (2)

Je suis avec la plus haute estime et un respect infini,

Messieurs,

votre très-humble et très-obéissant serviteur,

SEGUY,

curé de Sauveterre,

Diocèse d'Agen.

Sauveterre, 10 août 1787.

Les échos de cette plainte se prolongèrent bien au delà de la nuit du 4 août ;

L'abolition de la féodalité, commencée dans cette nuit libératrice, ne s'acheva qu'en l'année trop maudite de 1793 ;

En l'an 93, la France abolit la tyrannie royale et la tyrannie féodale. Elle fit coup double.

L'une s'étayait sur l'autre ; la Royauté l'avait bien compris.

Emportée par un élan de générosité, — d'autres disent : cédant à un mouvement de panique, la noblesse, dans la nuit du 4 août, ava... fait abandon de ses droits seigneuriaux. I... . Louis XVI, tout en paraissant donner sa sanction aux décrets abolitifs de la féodalité, écrivait secrètement à l'archevêque d'Arles :

« Je ne consentirai jamais à dépouiller mon clergé, ma noblesse...

« Je ne donnerai point ma sanction à des décrets qui la dépouilleraient...

« Monsieur l'archevêque, vous vous soumettez aux décrets de la Providence ; je crois m'y soumettre en ne me livrant point à cet enthousiasme qui s'est emparé de tous les ordres, mais qui ne fait que glisser sur mon âme. Si la force m'obligeait à céder, je céderais ; mais, il n'y aurait plus en France ni Monarchie, ni Monarque... »

Mais Mirabeau, qui avait plus de génie que Louis XVI, écrivait de son côté :

« L'abolition du système féodal était une expiation due à dix siècles de délire ; on aurait pu diminuer la commotion ; mais, il n'est plus temps et l'arrêt est irrévocable ; se réunir à la noblesse serait pire que de se jeter dans une armée étrangère et ennemie. »

Malgré les secrets conseils de Mirabeau, la Monarchie commit ces deux crimes; elle les expia du même coup.

Cependant, au lieu d'abolir les droits féodaux, on s'attardait en des marchandages; on proposait le rachat par les tenanciers. La nation devenait impatiente; les paysans se soulevaient. En 1790, des pétitions arrivèrent des départements. Le département de Lot-et-Garonne fut un des plus ardents à réclamer l'abolition pure et simple.

En 1792, la question était encore pendante; l'abolition pure et simple n'ayant pas prévalu, les pétitions recommencèrent; elles sollicitaient le rachat par l'Etat;

La commune de Fumel demandait que le rachat devînt obligatoire et qu'il fût constitué un comité de liquidation fonctionnant à l'aide d'une caisse d'amortissement ;

La Capelle-Biron proposait la création d'un comité spécial devant lequel les tenanciers auraient fait évaluer le montant de leurs redevances, qu'ils auraient payé, en quinze ans, par annuités.

La Convention abolit les droits féodaux sans indemnité, comme injustes, attentatoires à la dignité humaine et au principe de propriété;

La Rédemption était achevée;

Le paysan et la terre étaient libres.

Aux royalistes qui voudraient récriminer contre cette solution radicale, il n'y a qu'un mot à répondre : « La Royauté avait exercé arbitrairement pendant mille ans le droit de confiscation ! »

Le curé Seguy dut applaudir;

Le peuple de France respira. La noblesse avait couru s'enrôler dans les rangs de l'étranger; le paysan se rua aux frontières. La République organisa quatorze armées. Après avoir détruit la féodalité, il lui restait à terrasser l'Europe féodale ; elle la terrassa. On eut ce magnifique spectacle : « Le peuple français debout contre les tyrans. »

Avec ces soldats de la République, on eut une série de victoires qui dura pendant vingt-quatre ans. Le drapeau tricolore flotta sur toutes les capitales de l'Europe !

Citoyens, vous qu'on ose menacer aujourd'hui du retour à la Monarchie, vous devant qui l'on élève audacieusement le drapeau blanc de la contre-Révolution, vous à qui l'on propose une restauration de l'ancien régime, souvenez-vous que, si vous êtes libres, électeurs et propriétaires, c'est à la Révolution que vous le devez ;

Vous n'étiez rien ; vous n'étiez que des bêtes de somme, des êtres sans nom, taillables et corvéables à merci, des travailleurs en proie à la rapacité seigneuriale ; pour vous, tous les emplois étaient fermés, les grades inaccessibles ; élever une revendication, c'était commettre un crime. La justice était au service de la force ; le juge jugeait selon le caprice du maître. Contre l'arbitraire, aucun recours. Aux uns tous les droits ; pour vous tous les devoirs.

Vous n'étiez rien ; vous êtes tout. C'est vous qui faites la loi, par les représentants que vous élisez. Toutes les fonctions, tous les emplois, tous les grades vous sont accessibles. Chacun de vous est maître chez lui, comme le seigneur l'était jadis sur sa terre. Devant le scrutin, le plus humble d'entre vous est l'égal du plus fieffé des gentilshommes. Un petit bourgeois était naguère président de la République. Il n'y a plus des seigneurs et des serfs; il n'y a que des hommes libres, égaux et frères.

Voulez-vous renier la Révolution?

Ah ! toutes les fois que vous sentirez faiblir en vous l'amour des principes de 89, prenez ce livre ; relisez le Mémoire du bon curé de Sauveterre ; voyez quel fut le sort de vos pères, — voyez quel est le vôtre, — et, en le fermant, jurez d'être fidèles jusqu'à la mort au programme de ceux qui, au péril de leur vie, firent briller dans l'enfer féodal où vos pères gémissaient depuis mille ans, ces trois mots sauveurs : *Liberté, Egalité, Fraternité.*

Agen, 5 janvier 1879.

NOTES

D'UN CURÉ DE LA CAMPAGNE

SUR

LES DROITS

QUE LES SEIGNEURS APPELLENT

Droits Seigneuriaux.

NOTES

D'UN CURÉ DE LA CAMPAGNE

SUR

LES DROITS

Que les Seigneurs appellent *Droits Seigneuriaux.*

Mon but n'est pas de disputer la vérité aux Seigneurs, pourvu qu'elle soit établie sur de bons titres primordiaux(3) et non pas sur de simples reconnaissances(4) qui portent une augmentation considérable de rentes. Je me propose seulement de démontrer les fraudes dans la perception et la pesanteur des accessoires ridicules de cette rente qu'on appelle *suites*(5);

Ces *suiles* sont de l'argent, poules., reyve, journées et droit de garde.

L'argent me paraît une augmentation de rente insoutenable ;

Si je passe les poules(6), je ne puis passer qu'on les fasse payer en argent le double de leur valeur ;

Je connais des titres qui portent que le tenancier payera une poule ou dix livres ; malgré cette clause, on exige pour chaque poule quinze ou vingt sols(7).

La reyve(8) me paraît encore une redevance ridicule, surtout dans le pays où il n'y a pas de ruches à miel ; on pourrait la passer aux Seigneurs des Landes.

Droit de garde :

Tout le monde sait que les Seigneurs n'ont pas besoin aujourd'hui d'être gardés dans leurs châteaux par les paysants de la campagne(9) ; nous ne sommes plus aux temps des révoltes et des guerres civiles. Les Seigneurs sont d'ailleurs assez gardés par un nombre(10) de domestiques la plupart inutiles ou par ceux qui(11)   leur faire la cour et leur rendre des hommages ;

Faire payer ce droit en argent est une inconséquence.

Droit des journées ou manœuvres.

Les Seigneurs ont établi ce droit pour s'assurer les bras(12) pour travailler les biens réservés dans leurs terres lorsque la saison le demande ou qu'ils le trouvent à propos(13); d'où il suit que, s'ils n'ont pas besoin de ces journées, les faire payer en argent est un mal hodieux(14).

Droit de chasse :

Les Seigneurs se permettent la chasse dans tous les temps de l'année; ils se permettent de fouler eux-mêmes, de faire fouler par un nombre de chasseurs, par leurs chevaux, leurs gardes-chasses et un nombre de chiens la récolte d'un propriétaire qui ne serait pas reçu à se plaindre(15); il n'est même pas permis à ce propriétaire de chasser sur son bien le gibier qui lui dévore sa récolte; en vérité ce droit me paraît dur et inhumain. — On dit qu'un Seigneur de la province, mort depuis peu, avait deffendu la chasse aux limaçons. Cependant ces insectes(16) portent aux récoltes et surtout aux vignes un préjudice notable.

Droit de boucherie :

Ce droit fait enchérir la viande(17) et fait faire bonne chère aux Seigneurs aux dépens du public.

Bannalité des moulins (18) :

Le propriétaire qui a déjà vidé son grenier pour payer la taille et la rente, va au marché acheter un peu de bled ou chez quelque personne charitable ou quelque usurier qui le luy prête. Il faut porter ce sac de bled au moulin du Seigueur, payer au moins de seize (19) ; au lieu que s'il était permis à ce misérable de choisir son moulin, il serait plutôt (20) et mieux servi et à meilleur marché.

Droit de portabilité (21) :

Ce droit est aussi dur que celluy de la bannalité. On exige qu'un pauvre qui n'a ny charrette, cheval, ny âne porte sur son col, au moulin du Seigneur, son sac, tandis qu'il trouverait aisément des meuniers qui prendraient le bled chez luy où ailleurs et luy rapporteraient sa farine.

Bannalité des fours :

Cette vanalité (22) est aussi révoltante que celle des moulins. Pour avoir l'honneur de cuire le reste d'un sac de bled au four du Seigneur, il faut payer cet honneur de quinze ou vingt sols ou de sept ou huit livres de pain. Ce droit est pire que la rente.

Droit des bancs :

Les jours de foires et de marchés, les marchands payent aux Seigneurs la permission de vendre leurs marchandises (23).

Droit de mesure :

Les Seigneurs, dans plusieurs endroits, perçoivent deux liards ou un sol pour chaque sac de bled ou autre denrée qu'on porte sur la place (24).

Droit de péage :

Ce droit me paraît régulier. Le Seigneur fait payer un tribut en argent pour chaque bête qui paraît sur le foirail, les jours de foire ; les poulets mêmes sont de la partie et ne sont pas exempts de cet impôt (25).

Par ce détail il est aysé de voir que les Seigneurs n'ont rien oublié (26) pour grossir leurs revenus aux dépens de leurs vassaux et du public ;

Mais, ce n'est pas tout ;

Droit de mutation de Seigneur, d'amphitéote ou d'acapte :

Le Seigneur meurt : il faut une double rente (27)

pour acheter à son fils ou son héritier les habits de deuil ;

L'amphitéote meurt et sa mort plonge sa femme et ses enfants dans la misère ; malgré cela , il faut une double rente. D'où il suit que, si le Seigneur et le Vassal décampent de ce monde la même année, il faut une triple rente.

Cette surcharge me paraît insupportable.

Droit de Reconnaissance :

Si la vanité seule avait inventé et soutenu ces nouveaux titres (28) et qu'ils fussent faits aux dépens des Seigneurs, je les passerais volontiers — surtout si ces nouveaux actes ne portaient pas une augmentation de rente ; mais, il en est tout autrement ; tous les frais des *reconnaissances* sont à la charge des tenanciers : arpenteurs, notaires et tout ce qui s'en suit.

L'arpenteur parait sur la terre du Seigneur ; l'arpenteur, adroitement, fait sa cour au Seigneur et, pour bien faire cette cour, il faut trouver une augmentation de rente ; il faut donc que la surface de la terre fasse, de gré ou de force, comme la pâte sous le rouleau d'un pâtissier.

J'ay vu un arpenteur qui ausa dire au Seigneur qu'il trouvait un tènement (29) court ; l'arpenteur fut renvoyé et l'opération cessa et reste encore imparfaite.

Je connais une terre où les dernières reconnaissances ont augmenté la rente d'un dixième ; je l'ai signifié sur les baux ; enfin, j'en ay averti inutilement le Seigneur.

Droits de lods et ventes :

Je passe ces droits (30) ; mais, je désire qu'ils soient fixés de trente ou quarante un et non des dix un.

Droit de prélation :

Je passe encore volontiers ce droit aux Seigneurs. Il me paraît même juste et raisonnable que les seigneurs aient le droit de préférence et de retenue (31) ; mais, je ne puis leur passer le brocantage que certains se permettent dans l'exercice de ces droits.

Par exemple, peut-on leur passer celluy-ci ?

Pierre vend à Jean un pré pour la somme de cinq cents livres. Paul est informé de cette vente. Il part de suite et se rend au Château et demande à parler à son Seigneur et, tenant dans sa main une paire de poulets ou quelqu'autre présent, dit en son langage au Seigneur qu'il vient d'être averti que Pierre a vendu ce jour son pré pour la somme de cinq cents livres. Il ajoute que ce pré est à sa bien parue (32) et qu'il en paierait volontiers six-cents livres. « Sois tranquille, reprend le Seigneur ; ce pré sera pour toi, je te le promets. » Sur l'heure et dans le moment, le Seigneur dépêche un émissaire chez Jean, acquéreur du pré, pour luy ordonner de se rendre au Château. Jean se rend bien vite aux ordres du Seigneur qui, sans scrupule, dit à cet acquéreur que le pré lui convient et qu'il veut le garder pour luy.

Il faut donc que, de gré ou de force, Jean reprenne ses débours, se retire chez luy, content — ou mécontent.

Jean n'est pas encore arrivé chez luy, que Paul est averti de se rendre au Château : « J'ay fait ton affaire, dit le Seigneur à Paul en l'abordant ; tu auras le pred : compte six cents livres. » Paul sort sa bourse, paye et rembourse les six-cents livres. Comme il l'a offert et promis, il paye de plus les frais de l'acte et, pour le moins, les lods et ventes, se retire content et laisse le Seigneur aussy content que luy.

Je laisse ce cas à décider aux Juris-consultes et aux casuistes.

Il y a, dit-on, un Seigneur dans la province qui fait payer le droit de prélation au même prix que les lods et ventes. Si cela est, comme les amphitéotes l'assurent, ce Seigneur emporte sur chaque vente à son profit la cinquième partie de la valeur du fonds vendu.

Ce que je viens de dire prouve assez que des Seigneurs ont mis et tiennent leurs vassaux dans des servitudes qui répugnent au nom français(33).

Mais, ce n'est pas tout ;

Venons, maintenant, à la manière de percevoir les rentes ;

C'est un Régisseur qui a la commission ou, le plus souvent, un fermier par police (34) pour esquiver le conrolle (35) et la capitation en laquelle le fermier serait assujetti. Cette fraude est au préjudice de la communauté et des fermiers du *conrolle.*

Ce fermier ou régisseur fait avertir, devant la porte de l'église, qu'on porte la rente tel et tel jour.

Quelques redevables se présentent pour payer leurs rentes en grains ou en argent ;

Si l'argent est assez bon, le bled n'est pas assez beau ; il faut un crible et ce crible réduit un sac aux deux tiers ; c'est cependant le plus beau blé que ces misérables ont cueilli. La mesure est assez grande, la manière de mesurer trop adroite... Et si un de ces malheureux veut se plaindre, il est menacé, maltraité et chassé honteusement du grenier du Seigneur. On luy donne sa quittance en ces termes : « *A payé comme dessus et sans préjudice*, au lieu de dire dans cette quittance : « *A payé pour solde de la rente de cette année, froment : tant ; seigle : tant ;* — ainsi du reste. Manière bien adroite pour qu'on ne puisse pas vérifier les fraudes et, par ces mots : *sans préjudice*, l'amphitéote ne peut jamais se flatter d'avoir chez luy une quittance finale.

J'ay dit que la mesure est assez grande et la manière de mesurer fort adroite. J'ay fait avouer, dans la conversation, à plusieurs fermiers ou régisseurs, que leur pile de rente se trouvait grosse, tous les ans, de plusieurs sacs.

Je connais un Seigneur qui, curieux de vérifier par luy-même la quantité et le nombre des sacs de bled que son régisseur avait déjà perçus, fit mesurer tout le bled en sa présence. Il trouva un surplus de vingt et quelques sacs : « Vous êtes un fripon ! » dit ce brave Seigneur à son régisseur ; et (il) le mit sur-le-champ à la porte.

N'oublions pas que ceux qui payent leur rente en argent, payent pour le moins le bled ce qu'il vaut ;

Nous avons dit plus haut que quelques-uns se présentent pour payer leurs rentes en grains ou en argent ; mais, la majeure partie ne se présente pas — parce que le plus grand nombre n'a, en ce moment, ni bled ni argent ;

« Bah ! dit le fermier ou régisseur, cette canaille ne se présente pas ? Tant mieux ! Je la ferai bien venir. »

Alors, sans perdre de temps, ce cruel commissaire du Seigneur fait imprimer un exploit d'assignation. L'huissier du lieu est sommé de se rendre ; on luy remet cinquante ou soixante copies qu'il signifie dans un jour et autant pour le lendemain, — convention faite entre le fermier et le sergent que ce dernier se contentera, pour son salaire, de trente ou quarante sols par jour. Cependant, chacun des assignés payera tôt ou tard trente ou quarante sols. Par cette indigne manœuvre, ce fripon de fermier vole impunément cinquante ou soixante francs pendant plusieurs jours ;

N'oublions pas de dire que toutes ces exactions se font au nom du Seigneur qui, au lieu d'être le père de ses vassaux, en devient le tyran.

Il faut en venir à des condamnations ; le Juge en prononce cent, s'il le faut, dans une matinée, — convention encore faite entre le fermier et le Juge que ce dernier se contentera de la moitié de ses honoraires. Le Juge fait ce sacrifice en faveur du fermier et malgré qu'il devrait faire en faveur des redevables, il gagne bien sa journée.

Il faut en venir à des saisies, à des exécutions mobilières, à la vente des grains ou autre chose saisie. Les conventions entre le fermier ou régisseur et l'huissier sont à peu près les mêmes que celles des assignations. Remarquons ici que ces perfides fermiers appellent toutes ces coquineries *le tour du bâton*. Je laisse décider à mon lecteur si ce fermier ou régisseur ne mérite pas d'être attaché à long baton — je veux dire à une haute potence ?

Justice des Seigneurs :

Le Juge est trop souvent un ignorant et, s'il ne l'est pas, ses officiers le sont. Les procureurs, qui sont presque toujours, à la campagne, des hommes illitérés (*sic*), sans pas une connaissance des loys, jugent les trois quarts des affaires à l'absence du Juge qui, chargé de plusieurs juridictions éloignées — par conséquent, des plusieurs des siéges — ne peut se rendre tous les jours à l'audience ;

Pour lois, ses procureurs, faisant la fonction de Juge, jugent à tort et à travers et augmentent souvent les frais sans nécessité. Quelquefois, ils consultent un avocat et luy font passer la procédure ; voilà des frais qu'on porte en compte et qui sont à la charge des playdeurs qui deviennent la dupe et les victimes de l'ignorance de leurs Juges.

Je connais des terres où l'on tient les audiences au cabaret et Bacchus plus souvent que Thémis prononce le jugement. — Je connais des terres où il n'existe aucun vestige de greffe. — Je connais des terres où pas un membre de justice ne réside, pas même le procureur d'office. — Je connais, enfin, des terres où il n'y a presque ny justice, ny police; et, tout cela, par la faute des Seigneurs qui, quoique fort jaloux et fort flattés de ce titre ou qualité de Seigneurs à haute et basse justice (36), sont trop souvent contents et satisfaits, qu'elle soit bien ou mal rendue, pourvu que leur fermier les paye bien.

Je dois observer icy que les vexations dont je me plains me déplaisent chez tous les Seigneurs, — surtout chez les Seigneurs ecclésiastiques et encore plus chez les Seigneurs moines;

Mais, que dis-je? Un moine Seigneur en France? Un homme qui a fait, par état, vœu de pauvreté, endosser la qualité de Seigneur, — jouir de cinq, de six, de vingt mille francs de rentes, dévorer, luy seul, plus que tous les habitants d'une petite ville ou d'une grande paroisse de campagne? En vérité, c'est un abus, une injustice, un scandale qui n'a pas d'exemple !

On refuse à plusieurs curés de campagne, à un

congruiste (37), un misérable, cent pistoles — et on laisse à un Seigneur moine dix ou vingt mille livres de rente? Ce curé, cependant, prêche — bien ou mal — l'Évangile; il inspire à ses paroissiens la crainte de Dieu et l'obéissance à son Roy; il administre les sacrements; il visite les malades; il ensevelit les morts; il soulage quelquefois les pauvres. Il mange ses revenus avec ses paroissiens et ses voisins; enfin, il est de quelque utilité. Mais le Seigneur moine est orgueilleux tout à la fois, inutile et même préjudiciable à l'État et à la Religion (38).

Je ne veux nuire à personne; mais, mon état et ma religion m'obligent à prendre le parti des malheureux. Je suis témoin de leurs malheurs et de leur misère (39). Je puis et dois demander qu'on guérisse les playes profondes qu'on leur a faites et — avec la noble hardiesse que l'Évangile me permet — je prends la liberté de le faire et d'inviter surtout le haut et riche clergé (40) à donner l'exemple. C'est le seul et unique moyen pour voir finir ces jours d'horreur et de calamité et pour que la Religion reprenne toute sa faveur et tous ses droits.

Observations:

— Un propriétaire qui perd sa récolte par grêle ou autre accident devrait être exempt de toute imposition royale et seigneuriale.

— Les redevances trop multipliées (41) jettent le cultivateur dans un découragement nuisible à l'État.

— La mendicité emporte beaucoup de bras à l'agriculture et produit un grand nombre de voleurs et de filles de mauvaise vie (42 .

— On cherche dans le commerce et souvent dans le crime ce que l'agriculture refuse (43).

— La population augmente chaque jour et le nombre des cultivateurs se diminue.

— Il y a, dans le Royaume, cinquante mille et peut-être cent mille filles très-propres et bien disposées à une belle population qui ne se marieront jamais faute de cent livres jusques à cent pistoles d'argen t compté — et c'est dans le tiers-état, prétendu riche, qu'on voit toutes ces misère.

Nota :

On peut observer que Messieurs les Seigneurs ont eu la précaution de garder en toute propriété dans leurs terres tout ce qui porte un revenu solide, savoir : les beaux domaines, les belles prairies, des forêts, de belles vignes, des moulins à bled et à papier (44), des forges à fonte et à fer. (45)

Finis.

NOTES

NOTES

—

(1) Voici l'énumération à peu près complète de ces droits ;
Droits de cens ; de lods et ventes ; de champart, agrier,
tasque ou terrage ; de bordelage ; de marciage ; de dîme inféodée ; de carpot ; de banalité de four, moulin, pressoir,
boucherie, forge, taverne, taureau et verrat ; de ban de vendanges ; de banvin ; de blairée ; d'assise, de péage, barrage ;
de rève ; de traite foraine ; de bac ; de leyde ; de fontaines,
puits, routoirs, étangs ; de pêche ; de chasse ; de garenne ;
de colombier ; de fouage, de cheminée ; de monnage ; de
pulvérage ; du cinquantième, du treizième, etc. ; d'étalonnage,
minage, sexterage, aunage, mesurage ; de hallage, havage ;
de triage ; d'aubaine et de détraction ; de bâtardise ; de servage ; de poules, poulets et coqs ; de capital ; de panage
ou pacage ; d'herbage ; de sautrage ou préage ; de lainage ;
d'avenage ; de cornage ; de trousse ; de tonlieu, plaçage,
stélage ; de carnelage, charnage ; de complant ; de métive ;

de relevaison ; de grange ; de pêche aux coquillages sur les bords de la mer, en Poitou ; de confiscation ; d'ostize ou fouage ; de vinage, bernage ; d'abeillage ; de tirage ; de gants ; de caution ; de terceau ; de traînage, timonage ; de botage, cellerage, chantellage, hallage, remuage, liage et vintrage, de rouage ; de loge ; de bris ; de ramage ; de travers ; de gavène ; de vitrillage ; de chevalage, fenage ; de brenage, past de chiens, gîte, albergue ; de taille du chien ; d'écuelle et de couvre-chef ; de cullage, marquette ou prélibation, vulgairement droit du Seigneur ; de noces ou noçage ; de mets de mariage, régal de mariage ; gendrage ; quintaine et saut de la mariée ; droit de fraiscau, d'arciut d'aubergade ; de prélation ou retrait féodal, droit d'homme mourant, vivant et confisquant ; de leude, de tast, d'arroade, de mayesque, mayenque ou mayade, de souquet, de fournage, de pugnère, de comptablie, d'œilhade, d'agnelage, de bladage ; droit sur les œufs, le lait et le fumier ; de casadure, de fémade, de semme, semer ou symier, de guet, d'entrée et de sortie, de formariage, d'aubenage, d'acapte, d'aides-chevel, d'aide-relief, de barrage, de chevrotage, de commande ou commende, de corvées de dépouille, de déshérence, de doublage, d'aînesse, de patronage, de litre, d'encens, d'essogne, d'éstrelage, d'établage, de garde-noble, de mariage, d'héminage, de parées, de brénée, de tensement, de drurie, de faltage ou fêtage, de forestage, de forfuyence, de foulage, de fournée de l'ours, de franc-fief, de fumage, de gambage, de gazonnage, de gélinage, de geolage, de gréage, de guiage, de huage, de jallage, jaillage, jaillage, jalage ou forage ; de morte-main ; de langueyage ; de mortuage ou neufme, d'oubliage, de paisson, de pellage, de portage, de quayage, de queste, de segorage ou secréage, de sommage, de torellage, de banc, de prières, d'eau bénite, de grucrie, de quint et requint, de bourgoisie.

Nous ne parlons pas du droit de jambage ou de cuissage ; il se confond avec le *droit du Seigneur.*

(2) Pour combler le déficit ; 1789 fut moins une révolution qu'une liquidation. L'ancienne monarchie, de banqueroute en banqueroute, tomba parce qu'elle n'avait plus ni ressources, ni crédit. Dans sa détresse, elle dut recourir aux Etats-Généraux ; les Etats-Généraux avaient mandat de ne consentir de nouveaux impôts que si la Monarchie consentait des réformes : donnant donnant.

Louis XIV avait laissé deux millards quatre cent soixante-onze millions de dettes.

Le déficit commence sous Fleury ; il ne sera comblé que par la Révolution. A partir de ce moment tout Ministre qui veut réduire les dépenses de cour tombe en disgrâce ; ce fut le sort de Machault, de Silhouette.

En 1769, le déficit avoué par le contrôleur-général Maynon d'Invau s'élève à 63 millions ;

En 1774, après Terray, il tombe à 40 millions ;

Necker trouve un déficit de 39 millions ;

En 1780, le déficit réel est de 114 millions et demi ;

En 1781, de près de 90 millions ;

En 1785, le Ministre Calonne a grossi le déficit de 36 millions ;

En 1786, le déficit s'élève à 186 millions ;

En 1787, le déficit avoué aux notables est de 112 millions ; ceux-ci, après vérification, trouvent 125 millions ; Brienne déclara bientôt que le déficit réel était de 140 millions.

En 1788, Brienne, en quittant le Ministère, après avoir fait toutes les anticipations possibles, avoue un déficit de près de 169 millions.

Le budget du 5 mai 1789 accusait 56 millions, 150,000 livres.

Le total de la dette était de quatre milliards quatre cent soixante-sept millions et demi.

Devant ce gouffre, la Royauté, à bout d'expédients, fit appel à la Nation.

La grande préoccupation des députés — voir les cahiers — c'était de payer la dette. Dès que les États-généraux furent assemblés, un immense mouvement de générosité se produisit et chacun offrit de contribuer à combler le gouffre creusé par la Monarchie...

Il est touchant, nous semble-t-il, de voir le curé Seguy offrir la moitié de son revenu.

La Révolution se garda bien d'imposer des sacrifices au bas-clergé : elle s'adressa au haut clergé, gorgé de biens, détruisit les privilèges et les droits féodaux, se chargea de racheter les offices.... Elle eut éteint la dette et comblé le déficit, si le haut clergé et la grande noblesse, en ameutant contre elle l'Europe monarchique, ne l'eussent réduite à saigner la nation aux quatre veines pour sauver l'intégrité du territoire, l'indépendance nationale et la liberté. Elle les sauva — et elle améliora le sort des pauvres curés, naguère réduits à la portion congrue.

(3) Le titre primordial qu'exigerait le bon curé, c'est le bail à rente dont Boutaric nous cite un exemple :

« Infeudaverunt (c'étaient des moines feuillants) Bernardo de Fourcade præsenti quoddam territorium sub censu duorum solidorum et unius denarii pro quolibet arpento, unius libræ ciræ, unius paris gallinarum et unius pugneræ bladi etc... »

C'est à dire : « Les moines Feuillants donnent à rente à Bernard de Fourcade, ici présent, une certaine étendue de terre sous la condition qu'il paiera, par arpent, une rente de deux sols et un denier, d'une livre de cire, d'une paire de poules et d'une mesure de blé etc... »

Malheureusement — et c'est là ce qui vicie profondément l'origine des rentes féodales — ces titres étaient le plus souvent extorqués aux malheureux tenanciers par la ruse et la violence des Seigneurs. Tous les légistes de l'ancien régime sont d'accord sur ce point ; mais, nous avons des autorités encore plus respectables que les légistes : ce sont les cahiers du tiers aux Etats-Généraux et les ordonnances des Rois de France.

« Chaque gentilhomme, dit Loyseau, veut avoir son notaire à sa porte qui refera trois fois, s'il le faut, son contrat de mariage, ou lui fera tant d'obligations anti-datées si les affaires se portent mal ou s'il y a *quelque coup* à faire. Notaire qui, de longue main, se pourvoit de témoins aussi bons que lui — ou bien qui en sait choisir, après leur mort, de ceux qui ne savaient point signer. Et s'il a reçu quelques vrays contrats qui soient d'importance, il n'oserait faillir d'en mettre les minutes ès mains et à la merci de son gentilhomme, s'il les demande qui, par après, les vend et en compose ainsi qu'il lui plaît ;

« Voilà comment la foi publique est observée au village :

« *O Sylvæ, ô solitudines, quis vos dixit liberas !* »

Aux Etats-Généraux de 1676, les cahiers du tiers accusaient hautement les Seigneurs de recourir à d'odieux moyens pour faire disparaître en certains cas les actes qui formaient les seuls titres de leurs *sujets :*

» Autres sont, disait le tiers, qui, de leur propre volonté, se faisant juges en leurs propres causes, ont pris et appréhendé les usages, places vagues, landes et communs dont les pauvres sujets jouissent et même leur ont *osté les lettres* par lesquelles il apparaissait de leur bon droit et, icelles *prises, dérobées, ou bruslées,* dont on n'oserait faire plainte. »

En 1789, le tiers-état d'Agénois opposait courageusement à la maxime : *Nulle terre sans Seigneur*, la maxime contraire : *Nul Seigneur sans titre*. Nous lisons dans le cahier du tiers : « La propriété de la terre étant commune, nul ne pourra être tenu de reconnaître aucun Seigneur qui ne justifiera, par *titre*, de son droit de *directe* ; en conséquence, la maxime du franc-alleu *nul Seigneur sans titre* aura lieu dans l'Agénois où elle était originairement reçue. »

Il paraît bien qu'en 1789, elle avait depuis longtemps cessé de l'être, en sorte qu'en Agénois, c'était au tenancier à prouver qu'il ne devait rente ni cens. C'est contre cet état de choses, contre cette présomption de servitude que s'élevait l'abbé Seguy.

(4) La *reconnaissance*, dit d'Espeisses, est une déclaration que fait l'amphitéote de retenir quelque héritage de la directe d'un Seigneur ;

« Telle déclaration pour héritages féodaux est appelée *adveu* ou *dénombrement* ; pour héritages roturiers, est nommée simplement *déclaration* ou reconnaissance. »

Le savant Monteil nous a conservé la formule ordinaire de la *reconnaissance* :

« Cognue chose soit à tous que Thomas...., demeurant à ..., paroisse de ...., rocognoit et confesse avoir et tenir, que ses héritiers devront avoir et tenir une terre..., une vigne, confesse qu'il doit porter, confesse qu'il doit faire etc... »

Nous avons sous les yeux plusieurs reconnaissances du siècle dernier dont la rédaction est moins primitive, par entre autres reçue, le 23 décembre 1744, par Me Boissié, notaire à Laugnac, par laquelle le sieur Gaubert, tonnelier, reconnaît tenir « en fief perpétuel et droit de pagésie » de M. le marquis de Chaseron « une quarterée, quatre quartonnats, quatre

picotins » sous le cens et rente annuelle et perpétuelle de
« trois picotins et demi d'avoine, seize deniers maille d'argent, un seizième de chapon, un huitième de poule, un huitième de manœuvre pour chaque quarterée », ladite rente portée et rendue au château de Laugnac.

Le Seigneur était en droit de se faire *reconnaître* à chaque mutation de Seigneur ou tous les dix ans, aux frais du censitaire. La reconnaissance se faisait au château seigneurial. Une seule reconnaissance suffisait et pouvait tenir lieu de tous les titres disparus, perdus ou extorqués, pour établir toutes les servitudes féodales.

Nous avons vu comment les Seigneurs, avec la complicité des gens de loi, extorquaient aux paysans les titres *primordiaux*; à plus forte raison extorquaient-ils les reconnaissances !

Le cahier du tiers aux Etats de 1576 nous apprend que les Seigneurs ne se bornaient pas à revendiquer par la ruse et la violence le paiement des droits seigneuriaux ; ils osaient s'attaquer à la propriété privée de leurs vassaux.

Tantôt ils les contraignaient « par force, menaces et oppressions » à signer des *reconnaissances* contraires à toute vérité, tantôt ils faisaient « prendre deniers, grains ou autres choses non dues ; à quoi les pauvres gens, ajoute le cahier, de crainte d'avoir pis, d'être battus, outragés ou tués, n'osaient résister, ni même en faire plainte, — qui est une vraie tyrannie. »

Les Seigneurs qui n'osent pas *brigander* ouvertement « ne font le plus souvent lesdites exactions eux-mêmes, mais ils ont des serviteurs et des gens portant armes qui les font et emportent ce qu'ils peuvent » dans le repaire seigneurial. (Voir *Picot, Histoire des Etats-Généraux*, T. III, pages 51 et 53.)

V

La *reconnaissance*, avons-nous dit, était aux frais du censitaire ;

Le Cahier du tiers-État d'Agénois, en 1789, se bornait à demander qu'elle fût aux dépens du Seigneur :

« Les Seigneurs qui ont droit de se faire reconnaître à chaque mutation de Seigneur ou de tenancier, le feront à leurs dépens, le contraire étant trop onéreux pour les tenanciers. »

Le curé Seguy était plus radical : il refusait tout effet à la *reconnaissance* et réclamait le titre primitif. Quand on connaît l'histoire du long brigandage seigneurial, il est certain que la reconnaissance devait être présumée nulle et regardée comme non avenue.

(5) Le mot *suites* n'a pas besoin d'être défini ; le sens ressort clairement du texte ; il est d'ailleurs tiré d'un texte cité par Boutaric : *Sine censu et reliquis, fundum comparari non posse.* (Cod. lib. 4, tit. 47). Le mot *suites* n'est évidemment, sous la plume de l'abbé Seguy, que la traduction du mot *reliquis*.

Les *suites* ou redevances accessoires étaient parfois bizarres. M. Bascle de Lagrèze cite, comme redevances bizarres propres à faire ressortir la soumission de celui qui les payait, les exemples suivants :

Le vicomte d'Asté devait au comte de Lourdes un épervier ;

Le Seigneur des Angles devait à son suzerain une paire de gants blancs ;

Le Seigneur de Parabère devait un baiser au suzerain pour sa terre de La Hitte ;

Baudouin était tenu de faire, comme signe de vassalité, le jour de la Noël, devant le Roi d'Angleterre *unum saltum, unum sufflelum et unum bombulum.* Ce que Campden interprète ainsi : *ut saltaret, buccas cum sonitu inflaret et ventris crepitum ederet.* Heureusement le latin, dans les mots, brave l'honnêteté !

(6) C'est le droit de *gélinage.* Les tenanciers devaient au Seigneur des poules que l'on désignait, selon les temps et les lieux, sous le nom de poules de corps, poules de cou, poules de foyer, poules de la fumée, poules du carnaval, de la Pentecôte, de la Saint-Martin, poules du faucon. Comme il y avait des redevances de poules, il y avait des redevances de poulets — *pulli dominici, pulli vendemiales* (portables aux vendanges) ; *pulli vestiti,* c'est-à-dire : avec des œufs, d'ordinaire cinq œufs par poulet ; *pullæ postæ,* c'est-à-dire : poules grasses. — (*Vid.* Georg. Frid. Deinlini, *de gallinarum præstationibus*).

(7) Le titre exigeait donc dix fois plus qu'il n'était dû en réalité.

(8) Voici le passage le plus obscur du manuscrit.

Ducange fait venir le mot *rève,* que notre auteur écrit *reyve,* de *rogare.* Il prétend que, dans notre vieux langage, on disait *ruever, reuver* pour demander. Et il cite le *Miroir :* « *Qui quert, il treuve ; qui ruève, on li donne ; qui hurle, on li ouvre.* »

La *rève* était un droit qui frappait les objets à leur sortie du royaume, ou à la sortie d'une province. Ducange la définit : « Droit d'entrée et de sortie sur les marchandises qu'on transporte. »

Les villes imitaient les créations d'impôts nouveaux établis par le Gouvernement et les Seigneurs copiaient le Roi.

Aujourd'hui, comme les tenanciers avant 1789, les métayers paient une *rève* au propriétaire : c'est une part sur les grains égale à la semence et sur la volaille égale au nombre de têtes destinées à la reproduction.

Comment le mot rève — impôt douanier, ayant pour origine étymologique *reveho*, je transporte, ou *res vadit*, la chose qui passe, — s'est-il transformé en redevance seigneuriale ? Il est probable que les Seigneurs, en vue de l'impôt de transit qu'ils auraient à payer sur les produits destinés au commerce, prélevèrent cette part sur le tenancier. Aussi, Seguy, qui comprend difficilement que les Seigneurs prélèvent la rève sur les poules ou sur les grains, produits destinés à être consommés dans la seigneurie, accepte-t-il ce prélèvement seigneurial sur le miel et la cire des Landes qui étaient, entre ces pays et Bordeaux, l'objet d'un grand commerce.

De nos jours encore, les ruches constituent, dans les Landes, une sorte de cheptel que le métayer prend en estimation. A l'expiration de son bail, le métayer est tenu de représenter un nombre de ruches égal à celui qui existait quand il a pris l'exploitation. S'il en laisse plus qu'il n'en a pris, le maître lui doit la valeur de la différence ; s'il en laisse moins, il est comptable du déficit envers le propriétaire.

Quoi qu'il en soit, il est certain qu'en prélevant un impôt de douane sur des produits destinés à être consommés sur place, les Seigneurs commettaient une exaction exorbitante. La protestation de Seguy est donc juste.

[9] Droit de guet et garde, — droit de guet, garde et porte, — droit de guette et d'échauguette, — droit de guettage, tels sont les noms divers sous lesquels est connu le droit qu'avait le Seigneur d'exiger que ses sujets vinssent au

château seigneurial pour veiller sur le repos, la sécurité ou sur les récoltes du maître.

« La corvée, dit Guyot, (*Instilutes féodales*, chap. XIX, t. I. page 147) est une servitude. Les docteurs français l'ont appelée *officium diurnum*, parce qu'elle n'est due que de jour, — si ce n'est le droit de guet et garde qui se devait de jour et de nuit et que les Seigneurs ne perçoivent plus (1753) qu'en argent, par cinq sols de redevance annuelle, depuis que nos Rois leur ont si justement ôté le droit de guerre. »

Guyot ajoute que, dans quelques provinces, lorsque le *sujet* refuse de faire le guet ou de payer le droit de garde, le Seigneur est autorisé par la coutume à se saisir de l'héritage du récalcitrant. Le droit de guet et garde était dû, en quelques pays, à peine de confiscation !

Primitivement, avant que ce droit fut converti en une redevance en argent, le sujet était obligé de venir passer la nuit au château ; il montait sur la *guette* ou plate-forme du château féodal sur laquelle se trouvait la cloche d'alarme. A la première alerte, il sonnait la cloche et donnait de l'olifant. L'olifant était plutôt un porte-voix qu'un cor — quoi qu'en disent nos romanciers.

Sur un des angles de la plate-forme, s'élevait une sorte de guérite en pierre, voûtée, dans laquelle le guetteur se réfugiait pour se mettre à l'abri des intempéries ou des traits de l'ennemi ; c'est ce que l'on nommait l'*échauguette*.

Aux derniers temps de la monarchie, la corvée de guet et garde n'était dûe qu'en temps de guerre et dans les châteaux frontières. Mais, lorsque, dans leurs reconnaissances, les sujets s'étaient engagés à payer le droit de garde, ce droit était dû aussi bien en temps de paix qu'en temps de guerre — le château fût-il démoli.

Souvent le droit de guet et garde entrainait pour les tenanciers non-seulement l'obligation de veiller sur le château et sur la grange seigneuriale, mais encore celle de curer les fossés du château, d'entretenir les portes et fortifications.

C'est évidemment parce qu'ils devaient le droit de garde que les sujets de certaines seigneuries étaient obligés de battre les fossés du château pour empêcher les grenouilles de coasser.

La preuve que le droit de guet et garde était encore exigé dans l'Agénois, en 1789, nous la trouvons non-seulement dans le mémoire de notre auteur, mais aussi dans le cahier du tiers-État d'Agénois qui s'exprimait ainsi :

« Si toute prestation personnelle forcée envers l'État est contraire à la liberté des citoyens, que doit-on penser des corvées féodales et du *guet et garde* que divers Seigneurs se font rendre par leurs censitaires ? N'est-il pas étonnant que nous soyons encore au temps de réclamer contre un droit qui semble si étroitement lié à la servitude ? »

(10) Pour *une foule*.

(11) Le mot manque dans le manuscrit ; il faut évidemment lire *vont* ou *viennent*.

(12) On le voit ; ce n'est pas d'aujourd'hni que « l'agriculture manque de bras. » On pourrait démontrer à l'aide de textes nombreux que cette plainte banale retentit depuis des siècles parmi la gent qui ne travaille pas et qui serait bien aise de faire travailler les autres à bas prix.

(13) On verra, par la note suivante, que certains Seigneurs avaient le droit de corvée *arbitraire*.

(14) Le mot y est, quoique l'orthographe n'y soit pas ;

Rien, en effet, sous l'ancien régime — sauf, peut-être, la dîme, — n'a été plus odieux que la corvée.

Nous venons de voir, à propos du droit de guet et garde, que le cahier du tiers-État d'Agénois la considérait comme un reste de l'ancienne servitude.

Ce même cahier applique à la corvée exactement la même épithète que l'abbé Seguy :

« La corvée, autre impôt personnel, par cela même *odieux*, doit être bannie d'un gouvernement libre et franc ; tous les travaux publics doivent être faits à prix d'argent ; tous les ordres de citoyens y doivent contribuer au marc la livre de leurs autres impositions. Le tiers-État n'est plus esclave ; les deux premiers ordres n'ont pas le droit de l'envoyer aplanir les chemins devant eux. »

Qu'est-ce que la corvée ?

Boutaric la définit ainsi : « On entend par *corvées* les journées, manœuvres et charrois que les Seigneurs sont en droit d'exiger. »

Et Despeisses : « Corvées sont certaines journées des personnes ou du bétail que les vassaux sont tenus d'employer au service de leur Seigneur. »

Dans les capitulaires de Charlemagne, ces journées, manœuvres et charrois sont désignés par le mot *corvada*, corruption de *corrogata*, « opera corrogata, » travail commandé.

Ferrière, sur Guy-Pape, nomme les corvées *corvasia*, que quelques-uns font venir de *corpus vadit*. Despeisses dit : « Corvées sont ainsi appelées *à curvando*, quia, hujusmodi operas præstando, homines *curvantur*. »

Cujas, d'après Despeisses, donnerait une autre origine à

ce mot : il le fait venir de *corps* et de *vée* qui, en dialecte lyonnais, signifierait : *travail*. Travail du corps.

Lorsque le titre d'inféodation ou la reconnaissance ne limite pas le nombre de corvées, la corvée est dite *arbitraire* et le seigneur en peut exiger autant qu'il lui plaît ; les sujets sont dits : corvéables à merci.

Lorsque les vassaux sont corvéables à merci, le Seigneur, disaient les légistes, en doit user modérément ; et les Parlements, lorsque le Seigneur était par trop exigeant, se montraient d'accord avec les légistes en réduisant à douze le nombre des corvées que le châtelain pouvait exiger ;

Mais, les Seigneurs, avec une âpreté toute féodale, résistaient aux arrêts et aux ordonnances ; en 1617, Jean Chenu, annotateur de Papon, écrivait : « Les troubles survenus, depuis quarante ans, en France, ont mis ces lois hors d'usage ; car, en la plupart des villages où il y a des gentilhommes Seigneurs, ils ont pris telle autorité sur leurs sujets qu'ils font labourer leurs vignes, les vendanger, faucher leurs foins, les charroyer et mille autres corvées, sans autres titres que la crainte d'être bâtonnés ou mangés des gens d'armes. »

En 1783, à la veille de la Révolution, Cliquot de Blervache pouvait encore écrire :

« Le fardeau de la corvée est si accablant que c'est un de ceux qui aggravent le plus la malheureuse condition des laboureurs et des habitants des campagnes. Je la considère comme un des impôts les plus funestes à l'agriculture. »

Notez que les corvéables, même quand ils travaillaient au château, étaient tenus de se nourrir, eux et leurs animaux et Despeisses en donne naïvement cette raison que si le Seigneur était tenu de nourrir l'homme et les animaux, les corvées « lui seraient autant à charge qu'à profit. »

La corvée — sauf celle de guet et garde qui pouvait se faire de nuit — ne durait que du lever au coucher du soleil ; mais, elle s'appliquait à toutes sortes de services : « Les services comprenaient à titre de *corvées*, dit Monteil, les transports sur des voitures, des chevaux, des ânes, du grain, des vins, du bois et autres objets nécessaires au Seigneur ; l'enlèvement, le charriage et l'étente du fumier, le labourage de ses terres, l'ensemencement et le sarclage de ses blés, la coupe de ses foins, l'entretien de ses vignes, en un mot toutes les opérations de la culture, y compris le pacage des bestiaux, l'entretien des bâtiments, des jardins et des clôtures ; la fourniture de certains objets de ménage, entre autres des lits de plume dits *queutes* à *coute* ; des courses pour les commissions du maître, la garde militaire du château, etc... »

Le *sujet* devait fournir ses animaux, ses charrettes, ses charrues et tous les instruments. Les détériorations survenues aux instruments, les accidents arrivés à ses animaux étaient à ses risques.

« Le droit des corvées est tel, dit Boutaric, qu'on ne peut ni l'acquérir ni le perdre par la prescription. » Ce droit n'était pas d'ailleurs rachetable ; en sorte que les corvéables étaient condamnés à la corvée à perpétuité.

Les corvées étaient exigibles en tout temps, même pendant les semailles, même pendant la moisson ; lorsque le Seigneur voulait semer ou récolter, le malheureux amphitéote était obligé de laisser là son champ et sa moisson pour aller ensemencer le champ ou couper le blé du Seigneur.

Le Seigneur avait le droit d'exiger toutes sortes de corvées ; Despeisses faisait cependant une exception, en s'autorisant du droit... romain :

VI

« Celui qui s'est obligé à des corvées déshonnestes, dit-il, ou qu'il ne peut faire sans danger de sa vie, n'est pas tenu de les faire. Ainsi, anciennement, une p..... qui avait esté affranchie, n'estait pas tenue de se prostituer à son maître. »

Sans doute ! Mais, si le maître l'exigeait, et si ce maître était tout-puissant ?

On comprend maintenant ces cris d'horreur, ces protestations indignées que la corvée provoquait depuis des siècles parmi les gens du tiers-Etat.

En 1560, l'orateur du tiers disait aux États de Fontainebleau : « On ne saurait réciter les extorsions, travaux et molestes entreprises que plusieurs Seigneurs font sur leurs pauvres sujets, les distrayant par contrainte de leur labour pour les employer à corvées particulières comme voitures, charriages, journées, aydes et autres semblables qu'ils leur font faire, dont ils ne leur font aucun payement, en sorte que le pauvre laboureur, après avoir travaillé longtemps, se trouve le plus souvent sans moyen de pouvoir subsister lui, sa femme et sa famille. »

Et Miron, aux États de 1614, adressant au Roi les doléances du tiers : « Défendez, Sire, les corvées qui chargent le peuple autant que les tailles ; un pauvre homme est contraint de laisser ses semailles, d'abandonner son août et d'aller à la corvée pour le gentilhomme. Que tel acte soit déclaré *rolurier* et puni avec toute rigueur et roidissez-vous généreusement, Sire, contre toutes oppressions.

« Combien de gentilshommes ont envoyé des gens d'armes chez leurs voisins et quelque fois en leurs propres villages pour se venger d'eux, ou de *corvées* non faites, ou de contributions non payées... Qui pourvoira donc à ces désordres ?

Sire, il faut que ce soit vous. C'est un coup de Majesté. Vous avez assez de moyens de le faire ; votre pauvre peuple qui n'a plus que la peau sur les os, qui se présente devant vous tout abattu, sans force, ayant plutôt l'image de morts que d'hommes, vous en supplie au nom du Dieu éternel qui vous a fait pour régner, qui vous a fait homme pour avoir pitié des hommes, qui vous a fait père de votre peuple pour avoir compassion de vos enfants. »

La Royauté resta sourde à cette plainte éloquente ; la Révolution l'entendit.

(15) La Fontaine a décrit admirablement cette scène :

Un lièvre mangeait les choux d'un jardinier ; celui-ci le dénonce au Seigneur du bourg qui se charge de l'en délivrer.

« Je vous en déferai, bonhomme, sur ma vie ! »

lui dit-il. Le lendemain, il arrive avec ses gens. Chez le jardinier on fricasse, on se rue en cuisine. Le jardinier commet la sottise d'offrir ses jambons ; le Seigneur les accepte.

> L'embarras des chasseurs succède au déjeûné ;
> Chacun s'amuse et se prépare.
> Les trompes et les cors font un tel tintamarre
> Que le bonhomme est étonné.
> Le pis fut que l'on mit en piteux équipage
> Le pauvre potager ; adieu, planches, carreaux,
> Adieu chicorée et poireaux ;
> Adieu de quoi mettre au potage.
> Le lièvre était gîté dessous un maître chou ;
> On le quête, on le lance ; il s'enfuit par un trou,
> Non pas trou, mais trouée, horrible et large plaie
> Que l'on fit à la pauvre haie

> Par ordre du Seigneur ; car, il eut été mal
> Qu'on n'eût pu du jardin sortir tous à cheval.
> Le bonhomme disait : ce sont là jeux de prince !
> Mais on le laissait dire ; et les chiens et les gens
> Firent plus de dégât en une heure de temps
> Que n'en auraient fait en cent ans
> Tous les lièvres de la province.

Pourquoi le jardinier, au lieu d'aller quérir le Seigneur du bourg pour tuer le lièvre, ne le tuait-il pas lui-même ?

Pour une raison bien simple :

C'est qu'il aurait contrevenu à l'ordonnance que le bon roi Henry avait éditée en 1603 et qui défendait de chasser à l'arquebuse « à peine, savoir : pour la noblesse, d'amende arbitraire, de confiscation des armes et quinze jours de prison pour la première fois qu'ils y contreviendront et de la vie pour la seconde ; — et, pour toutes autres personnes qui ne seront de cette qualité, à peine de la vie pour la première fois. »

Les nobles seuls avaient le droit de tuer un lièvre et, encore, à la condition de le chasser noblement, c'est-à-dire à courre.

En droit romain, la chasse de toute espèce de gibier était permise à toutes personnes ;

En France, jusqu'en 1789, la chasse était défendue aux roturiers. Le droit de chasse est un droit royal; personne n'en peut jouir que par la permission du Roi.

Charles VI est le premier qui ait fait des règlements sur la chasse ; avant lui, les capitulaires de Charlemagne s'étaient bornés à interdire la chasse aux ecclésiastiques. En 1396, une ordonnance de Charles VI aurait édicté que « les non nobles ne pourront chasser, ni avoir oiseaux, chiens, rets, filets, engins ni autres instruments de chasse. »

Dès lors, le droit de chasse appartient exclusivement au Seigneur haut-justicier. Les autres Seigneurs ayant fiefs lui doivent la tête de l'ours qu'ils tuent, la hure du sanglier et l'épaule droite du cerf.

Par son ordonnance de 1515, François Ier ordonne que ceux qui seront surpris pour la deuxième fois chassant dans les forêts seront bannis à quinze lieues des garennes royales *sous peine de la hart.*

A la troisième, galères, bannissement du Royaume à perpétuité et, s'ils enfreignent le bannissement, *mort.*

Tout chien surpris dans les forêts royales aura les jarrets coupés.

La même ordonnance dispose : « Avons prohibé et prohibons, deffendu et deffendons, à tous nos sujets *non nobles* et non ayant *droit de chasse* ou *privilège* de Nous qu'ils n'ayent plus chiens, collets, lacqs ou autres engins à chasser... sur peine d'amende arbitraire. »

Autre ordonnance en 1533 : « Avons inhibé et défendu, inhibons et défendons à toutes gens de quelque estat, qualité ou condition qu'ils soient — réservez les nobles — de chasser ny prendre bestes rousses, noires, ny gibier, en quelque sorte, manière ou moyen que ce soit, etc. »

Henri II, à la peine capitale, ajoute la confiscation des biens du supplicié.

Henri III veut que les nobles ne puissent chasser que noblement et il leur défend la chasse au chien couchant.

Henri IV, qui promettait la poule au pot au paysan, le faisait pendre en attendant quand il était surpris lui tuant ou lui « robant » un lapin.

En 1596, il fait « très-expresses inhibitions et déffences à toutes personnes... de quelque qualité ou condition qu'ils soient, » de chasser dans ses forêts le gros ou le menu gibier, sous peine, pour la première fois, de cent écus d'amende ; pour la deuxième « d'être punis corporellement et bannis pour trois ans de la province où sera fait le dégât ; » pour la troisième « de ne trouver *aucune grâce en luy.* »

En 1601, nouvel édit : « Permettons à tous Seigneurs, gentilshommes et nobles de chasser et faire chasser noblement, à force de chiens et oyseaux...

« Et quand aux marchands, artisans et laboureurs, paysans et autres telles sortes de gens roturiers, leur avons fait et faisons inhibitions et deffences très-expresses de tirer l'arquebuse, escopette, arbalète, etc... » à peine, pour la troisième fois, du bannissement, ét, s'ils enfreignaient leur ban, « seront punis du *dernier supplice.* »

Par l'ordonnance de 1601, nous l'avons vu, il défend la chasse à l'arquebuse à peine d'amende arbitraire pour les nobles et sous peine de mort pour le laboureur et le paysan.

Louis XIII maintient ces horribles dispositions.

Louis XIV, par son Règlement de 1669, maintient ces peines sévères, sauf la peine de mort.

Jusqu'en 1789, les nobles seuls peuvent chasser.

Les chasses et garennes royales et seigneuriales sont un véritable fléau pour l'agriculture et, sur ce chapitre, les cahiers seront unanimes.

En attendant, le bon roi Louis XVI partage son temps entre la chasse et la serrurerie. Si quelque obstacle s'oppose à la plénitude de l'exercice de son droit de chasse, il devient furieux, intraitable. La présence d'un paysan dans une forêt royale le met hors de lui. Chaque soir, au milieu des plus graves événements, il consigne soigneusement ses aventures de chasse et le nombre de pièces qu'il a abattues.

Cette législation sur les armes à feu se maintint jusqu'à la Révolution. Le tiers-État d'Agénois faisait entendre aux États-Généraux les doléances que voici :

« Avec la liberté, tout citoyen a le droit de prétendre à sa sûreté personnelle ; en conséquence, qu'il soit permis à tout citoyen d'avoir une arme chez lui, tant pour la défense de sa personne que pour celle de sa propriété. Tel citoyen surpris à en faire un autre usage sera privé de l'exercice de ce droit. »

On voit que le tiers-Etat se résignait à ne point chasser au fusil. C'est le propre de la servitude et l'un de ses effets les plus funestes de pervertir dans les âmes la notion naturelle de justice et d'égalité.

En 1789, M. de Coigny demande à un laboureur élu député dans le bailliage qu'il préside ce qu'il se proposait de demander aux États-Généraux : « La suppression des pigeons, des lapins et des moines », répondit le député. Et comme M. de Coigny s'étonnait de ce rapprochement bizarre: « C'est pourtant bien simple, répondit le député du tiers ; les pigeons nous mangent le blé en grain, les lapins en herbe et les moines en gerbe. »

L'Assemblée nationale abolit, en effet, les couvents, les garennes et les colombiers.

(16) L'abbé Seguy n'avait pas de notions d'entomologie bien exactes.

(17) Renauldon, dans son *Traité historique et pratique* des droits *seigneuriaux*, dit : « Il n'y a guère de villes seigneuriales qui n'aient des boucheries banales. Le boucher doit obtenir la permission expresse du Seigneur. » Renauldon écrivait en plein dix-huitième siècle, en 1765.

M. Taine, le nouvel académicien, page 30 du premier volume de l'*Ancien régime* : Le Seigneur « ayant jadis bâti le four, le pressoir, le moulin, la *boucherie*, oblige les habitants à s'en servir ou à s'y fournir et il démolit les constructions qui lui feraient concurrence. »

M. de Tocqueville, dans l'*Ancien régime et la Révolution*, dit à propos du taureau banal : « Aucune coutume n'en parle ; mais, il y a certains titres qui l'établissent. Il en est de même de la *boucherie banale*. »

Le Seigneur châtelain, en vertu de ses droits de carnelage, charnage, chevrotage, moutonnage, etc., a sa part de chaque animal tué dans la boucherie de la ville ou du village.

A Forcalquier, il a la *moitié* des vaches tuées, qu'il abandonne à son bailli ; à Azay-le-Rideau, village de Touraine dont Louis Courrier fait mention, le Seigneur a les nouglis et filets de porc.

M. Taine, déjà cité, a publié des renseignements curieux sur la seigneurie de Blet. Le Seigneur de Blet avait *droit de boucherie*, c'est-à-dire le droit de prendre la langue de tous les animaux tués dans la ville, plus la tête et les pieds de tous les veaux. A Blet, au temps de la moisson, on massacrait environ une douzaine de bœufs.

Il est certain que, dans certaines paroisses, le Seigneur s'était arrogé le droit d'empêcher les bouchers de vendre de la viande ailleurs qu'à la halle ou dans la boucherie seigneuriale. En général, le Seigneur prenait de droit la langue et les pieds de tous les animaux que l'on tuait.

Le Seigneur de Raiz avait un droit bizarre : le jour de carnaval, tous les bouchers de Nantes devaient lui payer un denier. Lorsque les gens du Seigneur passaient, les bouchers étaient tenus d'avoir le denier à la main et de le donner aussitôt ; sinon, un des hommes du Seigneur de Raiz piquait rapidement, à son choix, une des pièces suspendues aux crocs de la boucherie et l'emportait sans laisser au boucher le temps de se fouiller.

Plus près de nous, les coutumes de Nérac portaient : « Tout habitant de la commune est exempt des droits de péage et de *souchette*, excepté pour le vin vendu au détail dans les tavernes et pour la chair de boucherie pour lesquels le droit de *souchette* est exigible. »

« Quand le Roi met son vin en tavernes, tous les autres taverniers cessent » dit Etienne Boileau, en son *Livre des Méliers*. D'où il appert que les Rois eux-mêmes exerçaient le droit de *souquet* ;

Le Roi était le premier tavernier du royaume !

Qu'était-ce que le droit de *souchette* ou *souquet* ?

M. Bascle de Lagrèze répond :

« Le *souquet* ou *soquet* (*vetitum vini*) était un droit seigneurial sur le vin vendu au détail qu'on ne pouvait vendre que certains jours et sous certaines conditions. Ce mot vient de *souche* ou *ceps*. C'était le huitième de la mesure. » Droit pire que la dîme.

Le *souquet* n'était pas une mesure, quoi que semble dire Lagrèze ; c'était une sorte de droit de *banc*, le *comptoir* du débitant ou l'*étal* du boucher n'étant alors qu'une *souche*, un tronc d'arbre monté sur trois ou quatre pieds. De là le nom de droit de *souchette* ou *souquet*.

Du texte des coutumes de Nérac, il résulte que le droit de *souquet* ne se prélevait pas seulement sur le vin.

On le voit : le Seigneur ayant le droit de prélever une partie des animaux tués par les bouchers, le reste de l'animal devait enchérir d'autant. De là, la plainte de notre bon curé.

VII

(18) **Banalité**, du mot *ban*, publication, proclamation, impérative ou prohibitive (de l'allemand *bannan*, ordonner, rendre une sentence.)

Le président Bouhier, en son commentaire sur la coutume de Bourgogne, définit la *bannalité* « le droit d'interdire, à ceux qui y sont sujets, la faculté de faire certaine chose autrement que de la manière qui est permise, sous les peines portées par les lois, les conventions ou les coutumes. »

On comptait les banalités de moulins à blé, à chanvre, à écorces, à foulon, à papier, de fours, de pressoirs, de taverne, de boucherie, de forge, de « tor et ver » c'est-à-dire de taureau et de verrat.

Le Seigneur pouvait avoir, ainsi, le monopole exclusif de l'industrie locale : il était meunier, boulanger, aubergiste, boucher, forgeron ; il présidait même à la reproduction des espèces bovine et porcine.

Les habitants compris dans la juridiction seigneuriale étaient tenus de porter leur blé au moulin ou leur pâte au four du Seigneur sous peine d'amende et de confiscation de leur blé ou de leur pain et des animaux, charrettes et harnais à l'aide desquels ils les avaient portés à un autre four ou à un autre moulin.

Et de même pour le pressoir seigneurial.

Défense aux habitants de bâtir des fours, des pressoirs ou des moulins dans l'étendue de la seigneurie sous peine de les voir démolir.

« En 1635, raconte Despeisses, ayant été choisi pour commissaire par la dame de Meyrargues, en exécution d'une ordonnance des trésoriers de France de la généralité de Montpellier, je fis démolir un four qui avait été bâty dans

Frontignan au préjudice des fours banaux que ladite dame y avait. »

Le même auteur, à propos de l'une des banalités les plus ridicules et les plus repoussantes, dit : « Les Seigneurs qui ont droit de taureau banal pour saillir et couvrir les vaches de leurs sujets, peuvent empêcher qu'aucun autre ne tienne des taureaux dedans leur seigneurie ; et, pour chaque vache qui est amenée au taureau *bannier*, le Seigneur dudit taureau prend certaine somme de deniers. »

Les Seigneurs étaient de l'avis de Vespasien : l'argent n'a pas d'odeur.

Dans la seigneurie de Blet, en Bourbonnais, le Seigneur percevait, à son moulin, *un seizième* du blé et, à son four, *un seizième* du pain. En tout *un huitième*. La banalité du moulin valait au Seigneur de Blet 6oo livres par an ; le four 15o livres.

Ce droit était partout plus exorbitant et les paysans devaient laisser un tiers de leur blé au moulin, un tiers de leur farine au four, un tiers de leur vin au pressoir du Seigneur. (Voir sur ce point, M. Léopold Delisle : *Conditions de la classe agricole en Normandie.*

« Tous ces droits ont paru fort odieux » dit Basnage, commentateur de la coutume de Normandie. C'est toujours le mot du curé Seguy — moins l'*h*.

Les *banniers* étaient, en outre, astreints à faire toutes les réparations au moulin, au four, comme au château du Seigneur.

« Il n'est point d'interprète de nos coutumes, dit Le Maître, le grand avocat du XVIIe siècle, qui ne condamne ces banalités si *odieuses* parmi nous. » Toujours le mot de notre curé. Et Le Maître ajoutait : « Ces servitudes ne sont venues que de la violence et de l'usurpation des

Seigneurs et de la faiblesse et de la pauvreté des paysans. »

Notre compatriote, M. le docteur Dupeyron, a bien dépeint cette misère du paysan de notre région : « Le pays a toujours été riche en matériaux d'alimentation. Il faut, toutefois, mentionner une disette périodique et annuelle qui venait frapper l'homme des champs, indépendamment des disettes provenant de l'insuffisance des récoltes. Cette disette se produisait périodiquement, parmi les populations agricoles, aux approches du mois de mai. Les paysans étaient alors fort usurés et obligés de vendre leur blé aussitôt après l'avoir récolté pour satisfaire leurs créanciers et ils ne pouvaient en garder qu'une quantité insuffisante pour attendre l'année suivante. Un certain nombre de propriétaires spéculaient sur cette gêne et prêtaient un sac de blé, en mai, pour avoir le double à la récolte. Cette gêne était désignée sous le nom de *hame de may* (faim de mai) ; elle disparaissait graduellement à mesure que les légumes verts arrivaient. »

Ainsi le paysan mangeait son blé en herbe. Le blé qu'il portait au moulin banal était souvent emprunté à un taux qui variait entre 25 et 100 pour o/o. Sur ce blé, le meunier prélevait la *moûte* ou *pugnère* et le Seigneur prélevait un seizième — quand il ne prélevait pas le tiers — du pain en provenant. Or, il avait fallu payer la taille au Roi, la dîme au curé, le cens et les autres droits au châtelain. Pauvre paysan ! Aussi était-il souvent obligé, même à la veille de la Révolution, de vivre d'herbes et de racines.

La Révolution se fit aux cris : « Du pain ! du pain ! »

Le régime féodal avait été aboli par les décrets du 14 août 1789 — six jours avant que l'abbé Seguy eût achevé d'écrire son mémoire contre les droits seigneuriaux. Cette suppression entraîna celle des *banalités*.

La loi du 15 mars 1790, tit. 2, art. 23, déclara abolis et supprimés sans indemnité tous les droits de banalités de fours, moulins, pressoirs, boucheries, taureaux, verrats, forges et autres, ensemble les sujétions qui y étaient accessoires, ainsi que les droits de verte-moûte et de vent (les Romains, d'après Pline, avaient mis un impôt sur l'ombre!) et le droit prohibitif de la quête-mouture ou chassse des meuniers.

On sait la mauvaise réputation dont les meuniers jouissaient... sous l'ancien régime.

Ces banalités de moulins, fours, pressoirs, etc., existaient presque partout au moment où la Révolution éclata.

Lorsque aux premiers jours de la Révolution, on s'occupa de la liberté de la *presse*, les habitants d'un gros bourg de Reims adressèrent une pétition à l'Assemblée, la priant de hâter ses travaux parce que les chanoines du lieu avaient un *pressoir banal* qui était, disaient-ils, fort onéreux au pays.

Le 6 juin 1793, on lisait dans la *Feuille villageoise* de l'abbé Cérutti :

« Les fours banaux appartenaient aux ci-devant Seigneurs... Les ci-devant Seigneurs retiraient cent écus, quatre cents livres de leurs fours banaux. »

Grâce à la Révolution, la feuille républicaine pouvait parler des banalités au passé ; le paysan était affranchi.

(Voir plus loin, la *reconnaissance* de Laugnac.)

(19) De *seize-un* — ou le *seizième*.

(20) *Sic.*

(21) « Chaque moulin, four ou pressoir, dit Guyot, avait son ban qui s'étendait quelquefois jusqu'à cinq lieues. »

Le *sujet* devait porter son blé au moulin et sa farine au four du Seigneur. Généralement, le paysan était astreint à la portabilité ; le meunier banal n'avait ni à aller quérir le blé, ni à rapporter la farine.

Cependant, dans quelques coutumes ou selon quelques titres, le meunier seigneurial devait aller quérir et rapportait. Il en était ainsi dans la juridiction de Laugnac, en Agénois ; mais, on voit, par le mémoire de l'abbé Seguy qu'il n'en était pas de même à Sauveterre de Fumel.

(22) *Sic.* — Beatæ gentes quibus vivere est bibere.

Voici la solution à laquelle s'arrêtaient les rédacteurs du cahier du tiers-État d'Agénois pour venir à bout de supprimer les banalités :

« La banalité des moulins, fours et pressoirs étant un droit odieux et très à charge, il serait à désirer que les habitants eussent la faculté de se rédimer de ce droit ; cette rédemption se ferait non pas individuellement, ce qui morcellerait la propriéte des Seigneurs, mais par tous les habitants de la terre seigneuriale et en corps de seigneurie seulement. »

La Révolution, cette rédemptrice, opéra la rédemption de ces droits *odieux* à meilleur compte. Elle les supprima.

(23) Le droit de banc est-il différent du droit exigé ailleurs sous le nom de *leude* ou *leyde* ? Le droit de *leude* ou *leyde*, dit Bascle de Lagrèze, était un droit sur les marchandises portées aux foires et marchés. Il produisait aux Seigneurs un bénéfice considérable. Un droit analogue était le droit d'*établage* perçu par les Seigneurs sur les marchands qui s'arrêtaient dans leurs juridictions.

(24) Le droit de *mesure* ou de *mesurage* était analogue aux droits d'*étalonnage, minage, sexterage, aunage, plaçage, stélage, hallage, havage*, etc,. établis sur les denrées portées au marché ; ce droit équivalait généralement à une *écuillée* par setier de grain ou de sel.

(25) Le droit de péage tel que l'entend ici l'abbé Seguy s'appelait ailleurs le *tonlieu.*

(26) Bascle de Lagrèze cite un droit sur le fumier, le droit de *fumerage* !

(27) *Rentes*, cens, censives, rentes foncières, rentes seigneuriales, c'est à peu près même chose ; ce sont obligations annuelles de payer au Seigneur une quantité déterminée de denrées, grains, volailles, services ou une somme d'argent. Ordinairement la rente comprenait une redevance annuelle en argent, en *plume* et en grains.

Seguy explique suffisamment ce qu'était le droit d'*acapte*, droit d'exiger une double rente à la mort du Seigneur ou de l'amphitéote. Plus généralement c'était un droit extraordinaire perçu à la mort du tenancier ou du Seigneur ;

Bascle de Lagrèze cite cet exemple :

A chaque mutation de vassal ou de Seigneur, le Seigneur d'Odos payait au Roi un épervier. C'est sous ce droit d'acapte qu'Henri IV avait donné cette seigneurie à Jean de Lassalle.

Il est fait mention du droit d'acapte dans le traité par lequel l'abbé de Cadouin et les seigneurs Bertrand et Arnaud de Mons cédèrent au sénéchal d'Agen et de Cahors, représentant Alphonse, frère du Roi, le côteau sur lequel fut bâtie la ville de Castillonnès. L'auteur de la

Notice historique sur Castillonnès dit que le droit d'acapte
« consistait dans le double de la censive ou rente de toute
nature et se trouvait dû par la mort ou mutation du
Seigneur ou de l'amphitéote. »

(28) « J'admire, dit d'Argenson, combien, en
province, la noblesse féodale fait cas des petits fiefs ;
l'orgueil humain se repaît des moindres choses qui le
nourrissent. Il s'agit souvent de deux sous. On travaille
à les faire revivre, maintenir, étendre. »

Mais ce n'était pas seulement une question de vanité :
« Quelquefois, dit Salvaing, ceux qui sont commis à faire
renouveler les terrriers, abusant de l'ignorance et de la
facilité des *sujets*, leur font reconnaître des droits inconnus
à leurs ancêtres. » Seguy décrit très-bien comment s'opérait
la fraude.

Nous croyons faire plaisir à nos lecteurs en mettant sous
leurs yeux une reconnaissance faite, en 1744, par un sieur
Gaubert, tonnelier, en faveur de M. le marquis de Chaseron, seigneur de Laugnac en Agénois :

Dans le château noble de la juridiction de Laugnac, en
Agénois, cejourd'huy *vingttrois de décembre* mil sept cent
quarante *quatre*, avant midy, régnant notre souverain prince
Louis, par la grâce de Dieu Roy de France et de Navarre,
par devant moi, Notaire Royal soussigné, présents les
témoins bas nommés — fut présent en personne :

*Georges Gaubert, tonnelier, habitant du lieu de Renoux,
paroisse de Sembas, juridiction de Laugnac, au nom et comme
mari de Françoise Maronne ;*

Lequel de son bon gré et libre volonté, tout dol et fraude
cessant, tant pour lui que pour les siens à l'avenir, a con-
fessé et reconnu tenir en fief perpétuel et droit de pagésie,

du haut et puissant Seigneur, Messire FRANÇOIS CHARLES DE MONESTEY, Marquis de Chaseron, Maréchal des Camps et Armées du Roy, Lieutenant des Gardes du Corps de Sa Majesté, Gouverneur de Brest et des îles d'Ouessant, seigneur des Terres de Lafox, Bajamont, Fauguerolles, Le Freyche, Laugnac, Ginac, Esparsac et autres situées en la province de la Marche, de la terre de Chaseron située en Auvergne, des terres de Marreul, le Brézil situées en Brie, habitant de la ville de Paris, paroisse Saint-Eustache, d'icy absent, mais Mᵉ Pierre Guary, juge de Bajamont, demeurant dans la ville d'Agen, en vertu de la procuration à lui faite le 12 janvier dernier, par devant Raince et Sellier, conseillers du Roy, notaires au Chatelet de Paris, par sieur Pierre Goudange, demeurant audit Paris, en qualité de Procureur général dudit Seigneur marquis de Chaseron, avec pouvoir de substituer, suivant l'acte passé par ledit Seigneur au Quartier général de l'armée commandée par Monsieur le maréchal de Maillebois, établie à Undinque en Cologne, le 29 décembre 1741, par devant Louis Michel Ranciot, greffier de la Connétablie de France, camps et armées du Roy et faisant la fonction de notaire, dûment légalisé et controllé le 10 du susdit mois de janvier, par Blondela, suivant la déclaration desdits notaires qui ont gardé la minute devers eux, l'extrait duquel susdit acte et susdite procuration, ledit sieur Guary a remis devers moi dit notaire, dûment scellée et signée dudit sieur Goudange et desdits Raince et Sellier notaires et contresigné par ledit sieur Guary, icy présent et pour ledit Seigneur et les siens à l'avenir stipulant et acceptant : sçavoir est que tous les biens et possessions qu'ensuivent, premièrement :

(Suit la désignation des biens du sieur Gaubert.)

Revenant, tous les susdits biens, en blot (*sic*) à la contenance de *une* carterée, *quatre* quartonats, *quatre* picotins et sous le Cens et Rente annuelle et perpétuelle de trois picotins trois quarts de Froment, deux picotins et demi d'Avoine, seize deniers maille d'Argent, un seizième de Chapon, un huitième de Poule, un huitième de manœuvre pour chaque Carterée, montant ladite Rente en total, savoir, Froment sac (*néant*) quarton (*néant*) *cinq* picotins *un demi;* Avoine sac (*néant*) quarton (*néant*) *trois* picotins *deux tiers,* Argent *deux sols*, Chapon $\frac{1}{16} + \frac{1}{56}$, Poule $\frac{1}{8} \frac{1}{18}$, du Manœuvre autant, laquelle dite Rente ledit *Gaubert* et les siens à l'avenir seront tenus, comme il s'oblige, de la payer audit Seigneur Marquis de Chaseron, et à ses successeurs à l'avenir, ladite rente portée et rendüe dans le présent château dudit Laugnac, savoir, l'Argent, le Bled et l'Avoine, bon et marchand, de la mesure d'Agen, au jour et fête de la Saint-Michel du mois de septembre de chaque année, le Chapon et Poule à la Noël, et la manœuvre à la volonté du Seigneur, avec les Acaptes c'est-à-dire double Rente, quant à l'Argent seulement à chaque mutation de Seigneur et de Fieuzatier ; promet aussi ledit Gaubert d'être bon et loyal sujet envers ledit Seigneur et de venir faire guet et garde au présent château, de nuit et jour en cas de besoin et à tour de rolle avec les autres tenanciers et lorsqu'ils seront mandés par ledit Seigneur ou autre ayant de luy droit et cause ; s'oblige aussi ledit *Gaubert* d'aller moudre ses grains au moulin que ledit Seigneur a dans la présente juridiction, à la charge que ledit Seignenr faira (*sic*) tenir ledit moulin en état, et seront tenus les meûniers d'aller chercher les grains et d'en rendre la Farine dans les vingt-quatre heures après, et prendra ledit Meûnier son droit de mouture, suivant le Règlement et usage et les vingt-quatre heures passées, faute par le Meûnier d'avoir rendu ladite Farine, le Fieuza-tier pourra aller chercher son Grain et le faire moudre ailleurs ; ne pourra ledit *Gaubert* détériorer les susdits biens, ni les vendre, ni aliéner en mains mortes, fortes, ni autres prohi-bées de droit. Comme aussi sera tenu ledit Fieuzatier, et ses successeurs à l'avenir, de venir faire la montrée des susdits biens et en passer Reconnaissance nouvelle à chaque mutation de Seigneur, et au moyen de quoi ledit sieur Guary, audit nom, s'est démis et dévêtu de tous les susdits biens et édifices et en a saisi et vêtu ledit Gaubert promet-tant de lui en faire porter garantie, quant au droit de Féo-dalité seulement ; demeure néanmoins réservé pour ledit Seigneur, les lods et ventes, Investitures, droit de Prélation et autres droits et devoirs seigneuriaux pour les biens qui seront ci-après vendus, tous lesquels droits demeurent dans leur ancienne force et valeur en faveur dudit Seigneur, suivant et conformément aux anciennes Reconnaissances générales faites par les Tenanciers et Emphitéotes de la présente juridiction en faveur des précédents Seigneurs, en date des 21 septembre 1721 et 18 septembre 1684, rete-nûes par Dufau et Baret Notaires Royaux, et de la sentence rendûe au profit dudit Seigneur Marquis de Chaseron et Arrêt confirmatif d'icelle du Parlement de Paris du 8 août 1722 ; demeure aussi réservé pour ledit Seigneur tous les arrérages de Rente Lods et Ventes et autres devoirs et droits seigneuriaux et dépens qui lui sont dûs en conséquence du susdit arrêt, tant à lui qu'à ses fermiers : tout ce dessus lesdites Parties ont promis de tenir, garder et observer et pour l'exécution des présentes ledit Gaubert oblige tous ses biens et ledit sieur Guary tous ceux dudit Seigneur Marquis de Chaseron, conformément à ladite procuration ; s'oblige aussi ledit Fieuzatier de fournir copie des présentes audit Seigneur dans le délai d'un mois, à ses frais et dépens, et le tout suivant l'usage.

Fait et passé ès présences de M° Michel Boissié... et le sieur Guary a signé à la minute avec ledit Boissié, non ledit Gaubert ny Maronne qui ont dit ne savoir signer de ce requis par moy.

Signé : BOISSIÉ, notaire royal,

Les cahiers du tiers-État d'Agénois font entendre cette doléance :

« La propriété de la terre étant commune, nul ne pourra être tenu de reconnaître aucun Seigneur qui ne justifiera par *titre* de son droit de *directe* ; en conséquence, la maxime du franc alleu : *nul Seigneur sans titre*, aura lieu dans l'Agénois où elle était originairement reçue. »

Ce qui prouve qu'en 1789, depuis longtemps, il n'y avait en Agénois « nulle terre sans seigneur. »

Toutes ces terres étaient tenues à cens.

(29) C'est la propriété tenue à cens par le *sujet.*

(30) Les lods et ventes ou, plutôt, comme écrit Loyseau, les *lods ès ventes* étaient un droit de mutation établi au profit des Seigneurs sur les héritages censiers. Ce droit représentait le prix qu'il fallait payer au Seigneur pour obtenir de lui l'autorisation de vendre. « Nul ne peut vendre son fief ou partie de son fief, dit Beaumanoir, sans l'octroi du Seigneur de qui il tient. »

Lorsque cet octroi était donné non à un roturier, mais à un Seigneur vassal, celui-ci devait payer au suzerain le *quint* et *requint*, c'est-à-dire le *cinquième* du prix plus le *cinquième* du *quint.* Si, par exemple, le vassal vendait un champ pour 100 livres, le Seigneur percevait d'abord le *quint*, soit

20 livres ; plus le *requint*, soit 4 livres ; en tout 25 livres, c'est-à-dire le quart du prix.

A Paris, le quint était du *cinquième* ; en Champagne on payait le quint et le requint ; en Nivernais, on payait le quart ; dans le Maine, le douzième ; le treizième en Normandie. En Agénois, le dixième.

Ces droits de mutation rapportaient aux Seigneurs de beaux bénéfices ; on a calculé que la noblesse féodale en tirait 38 millions par an.

Madame de Sévigné, pressée d'argent, écrivait : « Nous espérons à de certains lods et ventes d'une terre qui relève de nous. Nous voulons deux mille francs tout à l'heure ; nous avons des gens qui nous conseillent ; tout ce qui me fâche, c'est de faire du mal. »

On comprend à quels marchandages les Seigneurs étaient sollicités par ce droit qu'ils avaient d'empêcher les ventes ou de ne les consentir qu'à beaux deniers comptants.

La spirituelle marquise répugnait tout d'abord à exercer ces vilains droits ; mais, elle finit par faire taire ses scrupules ; car, quelques jours après, lorsque la Bretagne révoltée et vaincue, en proie aux garnisaires, est pour longtemps ruinée, elle écrit gaiement : « Je me venge des banque-routes sur les lods et ventes. »

Les *lods et ventes* prenaient aussi le nom d'*accommodements*, de *droit de gants*, d'honneurs, de *gants et ventes*.

Il fallait payer les lods et ventes dans les quarante jours qui suivaient le contrat.

Ils se percevaient au douzième, avons-nous dit, au dixième, au sixième, au cinquième, au quart...

Ils se percevaient quelquefois au tiers du prix !

Nous en avons pour garants M. Taine et, ce qui vaut mieux, M. de Tocqueville qui cite cette lettre écrite à la veille de la Révolution :

« Un acquéreur s'épuise pour faire une acquisition et est obligé de payer de gros frais d'adjudication et de contrat, prise de possession, procès-verbaux, contrôle et insinuation, centième denier, huit sous pour livre etc... et, par dessus tout cela, il faut qu'il exhibe son contrat à son Seigneur qui lui fera payer les lods et ventes du principal de son acquisition, les uns le douzième, les autres le dixième ; ceux-ci prétendent avoir le quint, d'autres le quint et requint. Enfin, il y en a à tout prix et même j'en connais qui font payer le tiers de la somme principale. »

Au mois d'octobre 1756, le sieur Asquié, de Saint-Caprais de Lherm, en Agénois, avait acheté, pour 19 livres, un champ dont le duc d'Aiguillon et la dame Janotas de Ferrussac étaient co-seigneurs. Le sieur Asquié dut payer à chacun des deux seigneurs les lods et ventes, 3 livres deux sols au duc d'Aiguillon et 3 livres deux sols à la dame de Ferrussac ; soit, 6 livres 4 sols pour une somme de 19 livres !

Seguy ne compte les lods et ventes que de dix un ; il est indulgent.

(31) Le droit de *prélation* se nomme aussi *retrait féodal, retrait seigneurial, retrait censuel,* droit de *retenue* ;

C'est le droit qu'avait le Seigneur de se mettre au lieu et place de l'acquéreur d'un bien sis dans sa juridiction.

Chose odieuse ! le Seigneur avait trente ans pour exercer ce droit, même quand, pendant 29 ans, il avait reçu du nouvel acquéreur le paiement du cens, des rentes et des autres droits seigneuriaux. En sorte que, pendant trente ans, la propriété demeurait incertaine aux mains du nouvel acquéreur.

A la veille de 1789, le cahier du bailliage de Cabrières d'Aigues, cité par Esquiros, indique très-bien les conséquences de ce principe :

« Un citoyen qui aura fait une acquisition de 300 livres et qui, dans l'espace de quinze ou de vingt années, l'aura améliorée d'une valeur de 200 livres, soit par sueur, soit par le bénéfice du temps, le Seigneur vient user de ses prétendus droits et dit : « Voilà les 300 livres ; je veux m'emparer « de ce fonds pour le remettre à qui il me plaît. »

Et il le vend 500 livres à un tiers. C'est la manœuvre si plaisamment décrite par l'abbé Seguy.

Et il y a encore des gens qui contestent que la Révolution ait fondé en France le droit de propriété et l'ait rendu « inviolable et sacré » !

A Nérac « le Seigneur, disent les coutumes, prélève sur toute vente de biens fonciers et immeubles un droit d'*un denier par sou*, à moins que l'acheteur et le vendeur ne soient proches parents, c'est-à-dire frères, neveux ou cousins germains. » C'est le retrait lignager préféré au retrait féodal.

Le droit de prélation, notre auteur le trouve « juste et raisonnable » ;

C'était aussi l'opinion des rédacteurs du cahier du tiers-État d'Agénois aux Etats-généraux de 1789 :

« Le droit de prélation entre dans la classe des propriétés et toute propriété sera à jamais sacrée; mais les abus qui en résultent demandent une modification.

« Ce droit de prélation doit être personnel et non cessible ; le Seigneur doit être non recevable à l'exercer après la publicité de la mutation par la date du contrat ou l'insinuation de la police (acte sous seing privé) ; il doit devenir également non recevable par la perception des lods faite par lui-même, par ses fermier ou ses régisseurs. »

Ces doléances ne font que confirmer l'existence dans notre pays, à la veille de la Révolution, de tous les abus qu'entraînait le droit de prélation et que nous venons de signaler.

(32) A sa convenance.

(33) Le bon curé se ressouvient des paroles de Louis le Hutin. Mais Louis le Hutin, en proclamant qu'en France, tous les hommes devaient être libres, n'empêcha pas qu'en 1789, il existât encore en France plus de quinze cent mille serfs attachés à la glèbe et qui étaient vendus avec elle comme bêtes de somme.

(34) Par acte sous-seing privé.

(35) Pour esquiver les droits d'enregistrement.

(36) Il y aurait beaucoup à dire sur les justices seigneuriales ; mais, nous estimons que tout commentaire ne pourrait qu'affaiblir cette partie du curieux mémoire du curé de Sauveterre.

Disons seulement qu'en 1785, en Agénois, il y avait cinquante huit seigneurs ayant haute et basse justice dont deux *abbés* ; — trois *chapitres* dont un de femmes ; — un *prince*, le prince de Pons ; — cinq *ducs :* les ducs d'Aiguillon, de Biron, de Duras, de la Force et de la Rochefoucauld ; — seize marquis : les marquis de Montviel, de Castelmoron, de Chaseron, de Beaucaire, de Clermont du Gasquet, de Monclera, d'Hauterive, de Losse, de Montazet, de Sonneville, de Talleyrand, de Tombebœuf, de la Capelle, de Lusignan, de la Poujade et de Tymbrune-Valence ; — huit comtes : les comtes de Soumensac, de Chateau-Renard, de Fontenilles, de Fumel-Montaigu, de Flamarens, de Lavau-Guyon, de Rastignac et de Cadrieu ; — six barons : les

barons de Monteton, de Ferrussac, de Raignac, de Prays-
sas, d'Usech et de Castéla ; — un chevalier, M. le
chevalier de Gombaud.

Chacun de ces seigneurs justiciers avait des fourches
patibulaires avec des piliers d'autant plus nombreux que son
titre était plus éclatant.

Quel livre il y aurait à écrire sur les *justices seigneuriales* !
Mais, ce n'est pas ici le lieu ;

Pour le moment, il faut s'en tenir à la comédie de
Beaumarchais. Encore doutons-nous si l'auteur de *Figaro* a
mieux représenté l'audience de la justice seigneuriale que
ne l'a fait l'abbé Seguy. Ici la photographie vaut peut-
être mieux que le tableau.

Les rédacteurs du cahier du tiers-État d'Agénois en 1789
connaissaient bien les abus des justices seigneuriales ; voici
comment ils demandaient qu'il y fût porté remède :

« Les justices seigneuriales seront réunies à la couronne ;
c'est un droit honorifique inaliénable qui ne doit appartenir
qu'au souverain. » Grâce aux revendications de nos pères la
justice se rend aujourd'hui au nom du peuple français, le
vrai « souverain » ; elle ne se rend plus dans l'intérêt d'une
seule classe, au nom et pour le profit d'une seule classe.
Sachons reconnaître les bienfaits de la Révolution.

(57) Les curés congruistes étaient obligés de vivre avec
un revenu qui valait de cinq à six cents francs.

Les gros décimateurs percevaient les dîmes des paroisses
et ne résidaient pas. Ils confiaient le soin d'administrer les
sacrements à quelque desservant auquel ils laissaient une
part appelée « portion congrue. »

La portion congrue était fixée sous Charles IX à 120
livres, sous Louis XIII à 300 livres, en 1768 à 500 livres, en
1786 à 700 livres.

Encore était-ce là le taux de la portion congrue des curés ;

La portion congrue des vicaires ou desservants des petites paroisses rurales était souvent inférieure à cinq cents francs.

Et le bas-clergé maudit la Révolution. Ingratitude — ou gnorance !

(38) Les moines, pour n'être plus Seigneurs, n'en sont pas moins dangereux.

(39) M. Lermina a écrit l'*Histoire de la Misère*. Il n'a fait que gâter un excellent titre et cette histoire reste à écrire. Quatorze siècles de faim, de souffrances et de tortures. A la veille de la Révolution, sur plusieurs points, le paysan français est littéralement réduit à manger de l'herbe. L'*Histoire de la Misère* peut s'écrire sur les témoignages les plus irrécusables. C'est une série de tableaux à faire frémir.

(40) Nous publierons prochainement un autre mémoire émané, comme celui-ci, de la plume d'un membre du clergé français de 1789.

En attendant, bornons-nous à relever les mille livres de rente dont jouissaient les archevêques, évêques et abbés de notre région.

L'évêché d'Agen, vers 1700, donnait 35,000 livres de revenu ;

Le prieuré de Saint-Caprais 10,000 livres ;

L'abbaye de Clairac, 25,000 livres ;

L'abbaye d'Eysses ne valait que 2,600 livres ;

Celle de Saint-Maurin en valait 4,000 ;

L'évêché de Condom valait 30,000 livres ;

L'archevêché de de Bordeaux, 30,000 livres ;

Celui d'Auch, 80,000 livres ;

L'évêché de Bayonne, 15,000 livres ;

Celui de Dax, 18,000 livres ;

Celui de Bazas, 10,000 livres ;

Celui de Périgueux, 15,000 livres ;

L'abbaye de Layrac valait, aux religieux de Cluny, 4,350 livres ;

L'évêché de Cahors valait 36,000 livres ;

L'évêché de Montauban n'en valait que 22,000.

Ces chiffres, qu'il faudrait au moins quadrupler si l'on voulait tenir compte de la valeur de l'argent en 1700 relativement à celle qu'il a de nos jours, sont empruntés à l'*État de la France* dressé par le comte de Boulainvilliers d'après les mémoires des Intendants de Louis XIV.

En 1789, les revenus des membres du haut-clergé étaient bien plus considérables ;

L'évêché d'Agen donnait à son titulaire 50,000 livres de rente ;

Celui de Rhodez 50,000 ;

Celui de Périgueux 24,000 ;

Celui de Dax 24,000 ;

Celui de Lectoure 18,000 ;

Celui de Bazas 18,000 ;

Celui de Castres 50,000 ;

Celui de Cahors 60,000 ;

Celui d'Alby 120,000 ;

L'archevêché de Toulouse 90,000 ;

L'évêché de Montauban 50,000 ;

Celui de Lombez 45,000 ;

Celui de Condom 70,000 ;

L'archevêché d'Auch 120,000.

Ces chiffres sont empruntés à l'*État de la France en 1789*, par Paul Boiteau.

Nous ne ferons pas de réflexions ; nous nous contenterons de citer cette observation de **M. Taine**, en son livre des *Origines de la France contemporaine*, livre que citent volontiers les écrivains de nos jours qui se parent du titre de *conservateurs* :

« Je pense que, pour les siéges épiscopaux, il faut ajouter moitié en sus et que pour les abbayes et prieurés, il faut doubler, parfois tripler ou même quadrupler. »

(41) Quand l'agriculteur de l'ancien régime avait payé la taille, la dîme, la rève, les rentes, fait ses corvées, que lui restait-il ? De quoi mourir de faim, lui, sa femme et ses enfants. Son vin s'en allait au pressoir seigneurial, son blé au moulin seigneurial, son pain au four seigneurial. Qu'on se rappelle la reconnaissance de Laugnac !

L'agriculture manquait de capitaux : c'est ce que constate partout Arthur Young, dans le voyage qu'il fait en France à la veille de la Révolution. La misère crée la débauche et la disette enfante les épidémies. La Révolution, provoquée par le déficit, se fait aux cris : « Du pain ! du pain ! » Partout la question des subsistances produit des émeutes.

(42) L'agriculture manquait de bras — déjà !

(43) Le commerce sous l'ancien régime était avili ; les gentilshommes ne pouvaient s'y livrer sans déroger ; l'abbé Seguy l'assimile presqu'au crime.

(44) Les moulins à papier existent encore dans la vallée de la Lémance, au nord de Sauveterre d'Agénois.

(45) On voit que notre auteur habitait la vallée de la Lémance où l'on trouve encore des forges et des fabriques

de papier ; mais, ces forges et ces moulins ont été affranchis du droit de *bannalité*. Quand aux beaux domaines, aux belles prairies, elles appartiennent au paysan que la Révolution a fait libre, riche et heureux et qui maudit la Révolution — sa libératrice.

CONCLUSION

CONCLUSION

Abolition des Droits Seigneuriaux.

—

La Révolution abolit les droits féodaux.

Ayant fait l'homme libre, elle fit la terre libre.

La propriété n'étant que de la liberté réalisée, où la terre n'eut pas été libre, l'homme aurait continué d'être esclave.

La Révolution posa le principe de l'abolition de la féodalité dans la fameuse séance de la nuit du 4 août 1789 ;

x

De ce principe, elle mit trois années à tirer les conséquences.

Elle promulgua successivement les décrets du 4 août 1789, du 3 mai 1790, du 13 avril 1791 et du 20 août 1792 ;

Enfin le décret du 17 juillet 1793 déclara supprimés sans aucune indemnité toutes les redevances ci-devant seigneuriales, droits féodaux censuels, fixes et casuels, même ceux qu'avait épargnés le décret du 25 août 1792, — même les droits féodaux fondés sur des titres primitifs.

Ce jour-là, l'œuvre fut achevée.

En enregistrant « la suppression complète des droits féodaux », la *Feuille Villageoise*, journal rédigé par Guinguené et Condorcet, et lu principalement dans les campagnes, se faisait, le 30 août 1792, l'interprête de la reconnaissance publique en ces termes enthousiastes :

« Quels que soient ces prétendus droits, ils émanent complètement du droit de la force. Ils sont des usurpations ; ils ne peuvent constituer une propriété réelle. Pourquoi une terre devrait-elle à une autre terre un tribut ? C'est un désordre contre nature ; comment s'est-il formé ? Les cultivateurs, nos pères, défrichaient une côte stérile ; leur travail fait, leur voisin noble survenait : « *Point de terre sans Seigneur*, disait-il ; *donc, ce champ est à moi*. Il est vrai que tu l'a mis en rapport ; mais, aussi, je veux bien ne prendre qu'une portion des fruits » — Voilà l'origine des redevances féodales. Si elles sont primitivement fondées sur une concession de fonds, sur un marché volontaire et libre, eh ! bien, produisez le titre primitif : alors vous recevrez le prix du rachat ; autrement, *tous les droits féodaux sont supprimés sans indemnité.*

« Quelques intérêts sont blessés ; quelques citoyens sont sacrifiés ; mais, *la terre est affranchie*, l'agriculture s'étend et fleurit, la nature est vengée. »

Nous ne saurions mieux terminer ce travail que par ce cri d'enthousiasme poussé par

Condorcet en l'honneur de notre immortelle Révolution ;

C'est la Révolution — ne l'oublions jamais — qui nous a rachetés de la servitude.

FIN.

INDEX DES MATIÈRES

A

B

Bottage (Droit de) : 60.
Boucherie (Droit de) : 43 — 59.
Bouhier : 82.
Bourdoncle (le curé) : 23.
Bourgeoisie : 12 — 17.
Bourgeoisie (Droit de) : 60.
Bourgeois : 16 — 66 — 71 — 73.
Bras (Manque de) : 55 — 70 — 100.
Brenage ou brenée (Droit de) : 60.
Brienne : 61.
Briolance : 24.
Bris (Droit de) : 60.
Brûlhois : 21.

C

Cabaret : 53.
Cadouin (Abbé de) : 87.
Cadrieu (Comte de) : 96.
Cahiers : 63 — 65 — 70 — 71 — 86 — 92 — 94
    95 — 97.
Calonne : 61.
Camisards : 9.
Canaille : 51.
Capelle (Marquis de) : 96.
Capital (Droit de) : 59.
Carnelage (Droit de) : 59.

Chiens : 43 — 77.
Cinquantième (Droit de) : 59.
Cire : 63 — 68.
Clairac : 98.
Clergé : 22 — 26 — 27 — 28 — 32 — 53 — 54 — 62 — 98.
Clermont du Gasquet (Marquis de) : 96.
Coigny (M. de) : 79.
Colombier (Droit de) : 59.
Commende (Droit de) : 60.
Commerce : 55.
Communauté : 49.
Commun peuple : 13.
Complant (Droit de) : 59.
Comptablie (Droit de) : 60.
Condom : 98 — 99.
Confiscation : 34 — 60.
Congruistes : 54 — 97.
Convention : 34.
Coqs (Droit de) : 59.
Cornage (Droit de) : 59.
Corvées : 42 — 43 — 60 — 65 — 69 — 70 — 71 — 72 — 73 — 74 — 100.
Couvre-chef (Droit de) : 60.
Crimes : 55.
Croquants : 9.
Cullage (Droit de) : 60.

Cultivateurs : 5.

Curés : 21 — 27 — 53 — 54 — 62 — 97 — 98.

Cuzorn : 29.

D

Déclaration : 64.

Déficit : 61 — 62.

Dénombrement : 64.

Denrées : 87.

Dépouille (Droit de) : 60.

Déshérence (Droit de) : 60.

Détraction (Droit de) : 59.

Dîme inféodée : 59 — 71 — 84 — 100.

Directe (Droit de) : 64 — 92.

Domaines : 55.

Domestiques : 42.

Donjon féodal : 13 — 29.

Doublage (Droit de) : 60.

Drapeau tricolore : 35.

Droit divin : 18.

Droit de garde : 42.

Droit du Seigneur : 11 — 60.

Droits seigneuriaux : 21 — 30 — 33 — 34 — 41
— 59 — 60 — 62 — 88 — 91 — 94 —
— 105 — 106 — 107.

Drurie (Droit de) : 60.

Duras (duc de) : 96.

E

F

G

H

I

J

L

M

N

O

Œilhade (Droit d') : 60.
Olifant : 69.
Œufs (Droit sur les) : 60.
Offices : 62.
Ombre (Impôt sur l') : 85.
Ostize (Droit d') : 60.
Oubliage (Droit d') : 60.

P

Pacage (Droit de) : 59.
Pagésie (Droit de) : 64.
Paisson (Droit de) : 60.
Panage (Droit de) : 59.
Papier : 55.
Parées (Droit de) : 60.
Parias : 8.
Parti féodal : 16 — 17 — 18.
Pastoureaux : 9.
Past de chiens (Droit de) : 60.
Patronage (Droit de) : 60.
Pauvreté (Vœu de) : 53.
Paysans : 33 — 34 — 35 — 36 — 42 — 65 — 77 — 78 — 79 — 84 — 85 — 98 — 100 — 101 — 107.
Péage (Droit de) : 45 — 59 — 80 — 87.
Pêche (Droit de) : 59 — aux coquillages : 60.

Q

R

S

Saint-Maurin : 95.

Saut de la mariée (Droit du) : 60.

Sauveterre de Fumel : 21 — 22 — 23 — 24 — 29 — 36 — 86 — 100.

Sauveterre-sur-Garonne : 21.

Segorage (Droit de) : 60.

Seigneurs : 42 — 43 — 44 — 45 — 49 — 53 — 63 — 65 -- 67 — 68 — 70 — 72 — 74 — 77 — 83 — 84 — 96.

Semme, semer ou symier (Droit de) : 60.

Serfs : 96.

Sergents : 51.

Servage : 8 — 59.

Servitudes : 49.

Sexterage (Droit de) : 59 — 87.

Silhouette : 61.

Sommage (Droit de) : 60.

Sonneville (Marquis de) : 96.

Soumensac (Comte de) : 96.

Souquet ou souchette (Droit de) : 81.

Stélage (Droit de) : 59 — 87.

Suites : 41 — 42 — 66.

Sujets : 88 — 90 — 92.

T

Taille : 44 — 84 — 100.

Taille du chien (Droit de la) : 60.

INDEX DES AUTEURS

A

B

C

D

E

F

G

Gouttes (l'Abbé) : 26.
Grégoire (l'Abbé) : 26·
Guinguené : 106.
Guyot : 69 — 85.

L

La Fontaine : 75 — 76.
Lermina : 98.
Loyseau : 63.

M

Massillon : 25.
Mirabeau : 32.
Miron : 74.
Monteil : 64 — 73.

P

Paganel (l'Abbé) : 26.
Papon : 72.
Picot *(Hitoire des États-Généraux)* : 65.

R

FIN DES TABLES.